Urs Gassmann

Leben als Christ

Urs Gassmann

Leben als Christ

Kleiner Spiegel der Selbstprüfung

Fromm Verlag

Impressum/Imprint (nur für Deutschland/ only for Germany)
Bibliografische Information der Deutschen Nationalbibliothek: Die Deutsche Nationalbibliothek verzeichnet diese Publikation in der Deutschen Nationalbibliografie; detaillierte bibliografische Daten sind im Internet über http://dnb.d-nb.de abrufbar.
Alle in diesem Buch genannten Marken und Produktnamen unterliegen warenzeichen-, marken- oder patentrechtlichem Schutz bzw. sind Warenzeichen oder eingetragene Warenzeichen der jeweiligen Inhaber. Die Wiedergabe von Marken, Produktnamen, Gebrauchsnamen, Handelsnamen, Warenbezeichnungen u.s.w. in diesem Werk berechtigt auch ohne besondere Kennzeichnung nicht zu der Annahme, dass solche Namen im Sinne der Warenzeichen- und Markenschutzgesetzgebung als frei zu betrachten wären und daher von jedermann benutzt werden dürften.

Coverbild: www.ingimage.com

Contact:
International Book Market Service Ltd., 17 Rue Meldrum, Beau Bassin, 1713-01 Mauritius
Website: www.bookmarketservice.com
Email: info@bookmarketservice.com

Gedruckt in: USA, UK, Deutschland. Dieses Buch wurde nicht in Mauritius produziert.

Imprint (only for USA, GB)
Bibliographic information published by the Deutsche Nationalbibliothek: The Deutsche Nationalbibliothek lists this publication in the Deutsche Nationalbibliografie; detailed bibliographic data are available in the Internet at http://dnb.d-nb.de.
Any brand names and product names mentioned in this book are subject to trademark, brand or patent protection and are trademarks or registered trademarks of their respective holders. The use of brand names, product names, common names, trade names, product descriptions etc. even without a particular marking in this works is in no way to be construed to mean that such names may be regarded as unrestricted in respect of trademark and brand protection legislation and could thus be used by anyone.

Cover image: www.ingimage.com

Contact:
International Book Market Service Ltd., 17 Rue Meldrum, Beau Bassin, 1713-01 Mauritius
Website: www.bookmarketservice.com
Email: info@bookmarketservice.com

Printed in: U.S.A., U.K., Germany. This book was not produced in Mauritius.

ISBN: 978-3-8416-0278-7

Aus Dankbarkeit meiner Frau Irma und meinen drei Kindern Dominik, Debora und David und ihren Ehepartnern gewidmet, die mir zu meinen größten Vorbildern geworden sind.

Beratung, Kapiteleinteilung, Fragen zur Selbstprüfung mit weiterführenden Bibelstellen: Urs-Heinz Naegeli

Lektorat: Doris Groeflin

Inhalt

Ein kurzes Wort zuvor

Wir leben heute in einer Zeit, in der praktische Erfahrungen gefragt sind. Dies gilt besonders auch auf dem religiösen Gebiet. Man will "etwas erleben". Fromme Worte alleine genügen nicht mehr. Der modern denkende Mensch ist auf der Suche nach dem persönlich erfahrbaren Gott. Es entspricht dem Wunsch vieler Zeitgenossen, dass der Glaube nicht nur eine Angelegenheit für Sonn- und Feiertage, sondern eine im praktischen Alltag erfahrbare Realität ist.

Das lebendige Christenleben beginnt mit dem, was die Bibel als "Bekehrung" im Sinn von Umkehr oder Kehrtwende bezeichnet. Darunter ist eine Sinnesänderung zu verstehen, in deren Folge der einzelne Mensch sein Leben aus einer direkten Beziehung zu Gott heraus lebt. Wie eine persönliche Gotteserfahrung aussieht und erlebt werden kann - dies ist der Hauptinhalt der vorliegenden Schrift. Dazu möchte ich zu verschiedenen zentralen Grundfragen des christlichen Glaubens Stellung nehmen. Ich möchte weder mit erhobenem Zeigefinger noch mit billigem Bekehrungsdruck auf Fragen eingehen, die sich jeder nach Gott suchende Mensch früher oder später einmal stellt. Wichtig ist mir vor allem, klar zu zeigen, dass jeder Mensch eine persönliche Gottesbeziehung erleben und aufbauen kann.

Der 'Spiegel der Selbstprüfung' berührt im wesentlichen auch Fragen, die sich selbst regelmäßige Kirchgänger immer wieder stellen. Insofern ist diese Schrift auch eine Herausforderung für Menschen, die vielleicht schon seit Jahren ihre starke kirchliche Gesinnung im Alltag leben. Dieser Leserschicht möchte ich den Weg von der Religiosität hin zu einer persönlich erfahrbaren Gottesbeziehung aufzeigen.

Die zahlreichen Hinweise auf die Bibel sollen jeden Leser dazu ermutigen, selbst im Wort Gottes die jeweiligen Aussagen nachzulesen. Es ist mir ein

Anliegen, dass Sie dieses Zitieren nicht einfach als ein 'Bewerfen mit frommen Bibelsprüchen' verstehen, sondern als das, was es in Wirklichkeit ist: als ein Zurückgreifen auf die wesentliche Grundlage einer jeglichen Kirche und Gemeinde, die sich christlich nennt. So betrachtet, möchte ich denn auch nicht nur für ein speziell christlich-kirchliches Publikum schreiben, sondern für alle, denen die Thematik einer persönlichen Gottesbeziehung ein Herzensanliegen ist.

Es wäre schön, wenn diese Schrift auch in Hauskreisen, Familienandachten und Bibelgruppen verwendet würde. Ich selbst habe an verschiedenen Orten sehr gute Erfahrungen damit gemacht.

Urs Gassmann, Juni 2012

Eine Umkehr zu Gott - was ist das eigentlich genau?

Die Hauptthematik dieser Schrift ist in einem Satz des Apostels Petrus zusammengefasst. Mit großem Ernst predigte er seinen Zuhörern:

> "Ändert euch von Grund auf, und kehrt um zu Gott, damit er euch die Sünden vergibt" (Apostelgeschichte 3,19).

In diesem Vers ist von einer Bekehrung, einer persönlichen Umkehr zu Gott die Rede. Wenn die Bibel dieses Thema anschneidet, so geht es dabei immer um ein grundsätzliches „Um-Denken" des Menschen. Nach einem autonomen, in Eigenregie geführten Leben ohne Gott wird er sich nun Gottes Plan für sein Leben unterordnen. Auch Paulus spricht davon, wenn er in seinem Brief an die Gemeinde in Rom schreibt:

> „Nehmt nicht die Forderungen dieser Welt zum Maßstab, sondern ändert euch, indem ihr euch an Gottes Maßstäben orientiert" (Römer 12,2).

Wenn heute von 'Bekehrung' die Rede ist, hat dies oft einen eher anrüchigen Beigeschmack. Und dies, obwohl eine Bekehrung im Grunde genommen nichts anderes ist als das persönliche Ja des Menschen zu der von Gott angebotenen Gemeinschaft mit ihm. Eine Umkehr im biblischen Sinn ist also nichts Sektiererisches; durch sie dürfen wir Menschen mit Gott in eine persönliche Beziehung treten. Durch eine Umkehr beziehungsweise eine Sinnesänderung bekommt das persönliche Glaubensleben den entscheidenden Farbtupfer: Wir lernen Gott dadurch nämlich nicht nur vom Wort oder von den kirchlichen Handlungen her kennen, sondern wir treten auch in eine lebendige Gemeinschaft mit ihm.

Ich möchte Sie deshalb ganz herzlich einladen, sich heute einmal mit dem Liebesangebot Gottes an Sie und Ihr Leben gründlich auseinanderzusetzen.

Die Bibel spricht ja an sehr vielen Stellen über diese göttliche Liebe zu uns Menschen. Ein ganz besonderes Wort vom Apostel Johannes möchte ich Ihnen in diesem Zusammenhang nicht vorenthalten. Er schreibt in seinem Evangelium:

> „Denn Gott hat die Menschen so sehr geliebt, dass er seinen einzigen Sohn für sie hergab. Jeder, der an ihn glaubt, wird nicht verloren gehen, sondern das ewige Leben haben" (Johannes 3,16).

Der himmlische Vater war also bereit, seinen einzigen Sohn stellvertretend für uns Menschen ans Kreuz schlagen zu lassen. Eine weitere Bibelstelle sagt:

> „Eine Vergebung der Schuld ohne Blut ist nicht möglich" (Hebräer 9,22). Dies war schon zur Zeit des Alten Testaments so, wo das Blut unschuldiger Lämmer fließen musste. Und als ein solch unschuldiges Lamm bezeichnet die Bibel auch Jesus Christus, den Sohn Gottes. So lehrte zum Beispiel Johannes der Täufer seine Zuhörer über Christus folgendes:

> „Seht, das ist Gottes Opferlamm, das die Sünden aller Menschen hinweg tragen wird" (Johannes 1,29+36).

So weit geht also die Liebe Gottes für uns Menschen! Doch dieses Handeln Gottes fordert auch zu einer klaren Entscheidung auf: Wir können diese Liebe durch unseren Glauben und eine klare Lebenshingabe an Gott erwidern, oder wir können das Ganze auch als bedeutungslos oder gar als unwahr zurückweisen. Wir haben die Freiheit zu wählen. Gott zwingt uns seine Liebe nicht auf. Er lädt uns jedoch ein, ihn persönlich kennen zu lernen.

Eine Anmaßung?

Ich stelle immer wieder erstaunt fest, dass viele Menschen dieses Liebesangebot Gottes als Anmaßung betrachten. So sagte mir beispielsweise ein Mann, als ich mit ihm darüber sprach: "Besser wäre es, erst einmal den Dreck vor der eigenen Haustüre wegzuwischen. Bekehre dich von mir aus, aber lass mich mit diesem frommen Zeug gefälligst in Ruhe."

Selbstverständlich beginnt ein Leben mit Gott mit der persönlichen Umkehr des einzelnen Menschen. Aber das ist doch noch lange kein Grund, den Begriff 'Bekehrung' so negativ zu sehen. Eigentlich handelt es sich dabei doch um eine schöne Sache. Es geht ja darum, dass wir in unserem Innersten erstmals - oder vielleicht auch von neuem - Frieden mit Gott schließen. Und wie befreiend ist es doch, gemachte Fehler nicht nur bekennen zu dürfen, sondern auch Vergebung dafür zu empfangen! Zu wissen, dass nach einem ehrlichen Bekenntnis ein völlig neues Leben beginnt, ist etwas unglaublich Befreiendes und Beglückendes. Was also sollte an einer Bekehrung denn schlecht sein?

Vielleicht stimmen Sie mit mir diesbezüglich überein, haben jedoch auch schon die Feststellung machen müssen, dass das Wort 'Bekehrung' tatsächlich immer wieder in einem eher negativen Zusammenhang auftaucht. So wird es mit seelischer Vergewaltigung und Persönlichkeitsverlust oder gar mit Sektierertum assoziiert. Dieses mehrheitlich negative Verständnis der biblischen Bekehrung hat leider auch dazu geführt, dass bereits zahlreiche Theologen diesen Begriff samt dem dazugehörenden Inhalt in ihrer Verkündigung ganz ausklammern.

Hinzu kommt, dass das Wort Bekehrung auch dadurch anrüchig geworden ist, dass viele sogenannte 'Bekehrte' selbst durch eine arrogante lchhaftigkeit, durch Unversöhnlichkeit, Unverbindlichkeit im Glauben oder durch einen fragwürdigen Missionseifer dazu beitragen. Darum ist es mir sehr wichtig, dieses Thema einmal unter ganz neuen Gesichtspunkten zu beleuchten.

Ein weiterer Grund, einmal mehr vom biblischen Standpunkt aus über die Bekehrung zu schreiben, liegt darin, dass doch etliche zum Teil recht sonderbare Anschauungen darüber im Umlauf sind, die einer Richtigstellung bedürfen. So meinen beispielsweise viele - auch solche, die sich Christen nennen -, dass man dann richtig bekehrt und gläubig ist, wenn man den ganzen Inhalt der christlichen Botschaft bejaht. Diese Ansicht wird von studierten Theologen wie auch vom gewöhnlichen Fußvolk vertreten. Doch dahinter steckt letztlich ein fataler Irrtum.

Dass selbst die beste Frömmigkeit nicht mit einer biblischen Bekehrung gleichzusetzen ist, mussten auch die großen Theologen der anglikanischen Kirche, George Whitefield und die Gebrüder John und Charles Wesley, die Begründer der methodistischen Erweckungsbewegung, erkennen. Alle waren sie hochkirchliche Orthodoxe, die jeden Morgen das Abendmahl feierten, regelmäßig Gefangene besuchten und ihr ganzes Einkommen mit den Armen teilten. Von ihren Mitstudenten wurden sie als 'Methodisten' bezeichnet, weil sie im Sinne einer neuen Methode ihr Leben streng auf Gott ausrichteten. Und dennoch schrieb John Wesley in sein Tagebuch:

> "Ich ging nach Amerika, um die Indianer zu bekehren; doch ach, wer wird mich bekehren!" (1)

Somit können sogar aktive Missionare letztlich unbekehrt sein beziehungsweise ihren Dienst zwar für Gott tun, ohne jedoch aus seiner Kraft heraus zu leben. Auch in den verschiedensten christlichen Kirchen gibt es zahlreiche Menschen, die zwar – vielleicht schon von Jugend auf! – alle kirchlichen Anlässe besuchen und sich deshalb als Bekehrte betrachten. Die biblischen Lehren sind ihnen vermutlich bestens vertraut, auch die Aussagen zum Thema Bekehrung.

Wir dürfen jedoch Kirchlichkeit nicht mit Bekehrung verwechseln. Eine regelmäßige Teilnahme am Gottesdienst und an Gemeindeveranstaltungen ist kein Beweis für eine echte Bekehrung. Mag jemand noch so aktiv am kirchlichen Gemeindeleben teilnehmen, das neue, von Gott geschenkte Leben bekommt man nicht durch „fromme“ Aktivitäten.

Auch christlich gefärbte Erregungs- und Gefühlszustände sind noch lange kein Beweis dafür. Man kann sogar vorübergehend von den Worten der Bibel ergriffen und doch nicht bekehrt sein. Selbst die in der Bibel erwähnten Geistesgaben können in gewissen Fällen nur einen seelischen und gefühlsbetonten Ursprung haben.

Die Ansichten zum Thema Bekehrung sind wirklich äußerst vielseitig und vielschichtig, wenn auch nur in wenigen Fällen wirklich biblisch begründbar. So meinen beispielsweise viele, die Bekehrung sei mit der Kleinkindertaufe oder durch die Mitgliederaufnahme in eine bestimmte Kirche oder Gemeinde geschehen. Für andere wiederum sind grundsätzlich alle Menschen 'Bekehrte', weil ja alle Menschen Geschöpfe Gottes seien. Um diese Ansicht zu untermauern, zitieren sie dann das aus dem Zusammenhang gerissene Bibelwort in Joel 3,1, das besagt, dass der "Heilige Geist über alles Fleisch ausgegossen" sei. Folglich seien, wie mir einmal jemand erklärte, "alle Religionen und alle Religiösen im Grunde genommen bekehrt". Wenn wir jedoch davon ausgehen, dass die Bibel für jede christliche Kirche die entscheidende Grundlage ist, so sind solche Ansichten mit einer gesunden theologischen Lehre schlichtweg unvereinbar. Richtig betrachtet, wird man nämlich erst durch eine Wiedergeburt im biblischen Sinne ein Gotteskind.

Halten wir fest: Ähnlichkeiten sind keine Gleichheiten! Wer aufgrund von Ähnlichkeiten eine Sache für sich in Anspruch nimmt, hat diese deshalb noch lange nicht. Dies musste auch Nikodemus, einer der führenden

Theologen in Jerusalem zur Zeit Jesu, erkennen. So sagte denn Jesus zu ihm:

> "Du bist doch einer der anerkannten Gelehrten in Israel und müsstest das eigentlich verstehen!" (Johannes 3,10).

Zuvor hatte Jesus ihm jenes harte, aber in Wirklichkeit helfende und alles andere ausschließende Wort gesagt:

> "Wer nicht neu geboren wird, kann nicht in Gottes Reich kommen" (Johannes 3,3).

Auf diese Aussage reagierte Nikodemus verständnislos. Er fragte Jesus:

> "Was meinst du damit? Wie kann ein Erwachsener neu geboren werden? Er kann doch nicht wieder in den Mutterleib zurück und noch einmal auf die Welt kommen!" (Johannes 3,4).

Nikodemus war ein richtiger Kopfmensch. Mit dem Verstand erfasste er zwar verschiedene theologische Zusammenhänge und war sicher auch ein Experte in biblischer Lehre. Trotzdem verstand er nicht, was Jesus mit Neugeburt meinte. Deshalb erklärte ihm Jesus weiter:

> "Es ist damit wie beim Wind. Er weht, wie er will. Du spürst ihn auch, aber du kannst nicht erklären, woher er kommt und wohin er geht. So kann man auch nicht erklären, wie diese Geburt aus Gottes Geist vor sich geht, obwohl jeder ihre Auswirkung spürt" (Johannes 3,8).

Jesus wollte damit sagen, dass man Bekehrung und Wiedergeburt rein verstandesmäßig nicht erklären kann. Wenn man sie jedoch selbst erlebt und erfahren hat, ist einem unmissverständlich klar, was damit gemeint ist. Nikodemus-Fragen sind dann beantwortet.

Die biblische Wiedergeburt, die übrigens nichts mit der fernöstlichen Reinkarnationslehre (auch Wiedergeburt genannt) zu tun hat, ist eine Tatsache, die aus sich selbst und für sich selbst spricht. Darin stimmen nämlich alle nach dem biblischen Sinn Wiedergeborenen überein, auch wenn die ganze Welt ringsum widerspricht.

Eine biblische Wiedergeburt weist klare Merkmale auf, an denen wir erkennen können, ob jemand wirklich 'bekehrt' ist - oder eben nicht.

Da es vielen ein aufrichtiges Anliegen ist, in dieser Frage für ihr Leben Klarheit zu bekommen, möchte ich im folgenden auf zehn wesentliche Punkte zu sprechen kommen. Anhand dieser Punkte können Sie Ihr Verhältnis zu Gott selbst prüfen.

Punkt 1: Ihr Verhältnis zur Bibel

Ist Ihnen die Bibel wirklich Ihr liebstes Buch? – Wir können nicht sagen, dass wir Gott lieben, wenn wir an seinem Wort kein Interesse haben. Kennzeichen einer echten Bekehrung ist nämlich ein wachsendes Interesse an der Bibel. Dieses von Gott inspirierte Buch steht bei echt bekehrten Menschen an erster Stelle, weil sie wissen wollen, was er in seiner Liebe uns Menschen sagen will.

Vor der Bekehrung war die Bibel 'ein Buch mit sieben Siegeln'. Doch nach einer klaren Lebensübergabe an Jesus Christus findet in diesem Bereich eine deutliche Veränderung statt. Das heißt zwar nicht, dass man nun plötzlich alles verstehen würde. Und dennoch ist etwas ganz neu geworden: Der Heilige Geist beginnt jetzt, uns das Wort Gottes aufzuschließen, und lässt es uns immer wichtiger werden. Paulus schrieb an die Korinther die markanten Worte:

> "Dass Jesus Christus am Kreuz für uns starb, muss freilich all denen, die verloren gehen, unsinnig erscheinen. Wir aber, die gerettet werden, erfahren gerade durch diese Botschaft vom Kreuz die ganze Macht Gottes" (1. Korinther 1,18).

Oder anders gesagt: Früher bedeutete für uns das Lesen der Bibel reine Zeitverschwendung. Das war denn auch der Grund, warum wir uns nur sehr selten oder nie mit diesem Buch beschäftigten. Wir gehörten zu denen, die verloren gingen. Doch nach unserer Errettung (Bekehrung und Wiedergeburt) erfahren wir gerade durch dieses Wort die ganze Macht Gottes! Wir erleben, dass Gott - wenn auch 'nur' durch gedruckte Buchstaben - sehr deutlich zu uns spricht. Und wir erfahren dies in den verschiedensten Situationen unseres Alltags. Wir erleben auch, wie vielfältig dieses Wort ist; es tröstet, ermahnt, korrigiert... So kann jeder Mensch, der eine biblische Bekehrung und Wiedergeburt erlebt hat, aus vollem Herzen ein Ja zu folgendem Psalmwort sagen:

> "Dein Wort ist meine Lieblingsspeise, es ist süßer als der beste Honig. Dein Gesetz macht mich klug und einsichtig, deshalb hasse ich jede Art von Falschheit. Dein Wort ist wie ein Licht in der Nacht, das meinen Weg erleuchtet. Ich freue mich über dein Wort wie jemand, der einen wertvollen Schatz findet" (Psalm 119,103-105.162).

Das Leben jedes echten und aufrichtigen Christen muss vom Wort Gottes geprägt sein. Dies erkannte auch David, der uns in Psalm 119 wohl das beste Stück biblischer Psychologie vermittelte. In diesem längsten Psalm der Bibel, einer Lobeshymne auf das Wort Gottes, schrieb er:

> "Tief präge ich mir dein Wort ein, damit ich nicht vor dir schuldig werde" (Psalm 119,11).

Das heißt mit anderen Worten: Je mehr unser Geist von der Bibel her durchdrungen ist, um so mehr besitzen wir die göttliche Kraft, im Kampf gegen die Sünde bestehen zu können. Die Aussage des deutschen Theologen Dietrich Bonhoeffer macht uns Mut, mit der Bibel zu leben:

> "Ich glaube, dass die Bibel allein die Antwort auf alle unsere Fragen ist und dass wir nur anhaltend und demütig zu fragen brauchen, um die Antwort von ihr zu bekommen." (2)

Fragen zur Selbstprüfung

Können Sie, wenn Sie Ihr Leben betrachten, auch auf zahlreiche Erlebnisse mit Gottes Wort zurückblicken?

Ist die Bibel für Sie das Buch, welches Sie auf die berühmte einsame Insel mitnehmen würden? Oder gibt es noch Lektüre, die für Sie wichtiger ist als Gottes Wort?

Welchen Stellenwert hat bei Ihnen das Lesen der Heiligen Schrift? Wie viel Zeit nehmen Sie sich dafür?

Drei Bibelstellen zum Thema als persönliche Ermutigung

"Von diesem Gesetzbuch sollst du allzeit reden und darüber nachsinnen Tag und Nacht, dass du genau tust nach allem, was darin geschrieben steht; denn alsdann wird es dir auf deinen Wegen gelingen und du wirst Glück haben" (Josua 1,8).

"Glücklich ist, wer Freude hat am Gesetz des Herrn und darüber nachdenkt Tag und Nacht. Er ist wie ein Baum, der nahe am Wasser steht, der Frucht trägt jedes Jahr, und dessen Blätter nie verwelken. Was er sich vornimmt, das gelingt. Der Herr sorgt für alle, die nach seinem Wort leben. Doch wer sich ihm trotzig verschließt, der läuft in sein Verderben" (Psalm 1,2-3.6).

"Wer sich an Gottes Wort hält und danach lebt, an dem zeigt sich Gottes ganze Liebe. Daran ist zu erkennen, ob wir wirklich Christen sind" (1. Johannes 2,5).

Ebenfalls empfehlenswert für das persönliche Studium:

Psalm 19,8; Jeremia 15,16; 22,29; Matthäus 4,4; Lukas 11,28; Johannes 6,63.68; 8,31-32; 12,47-48; 15,7; 17,17; Apostelgeschichte 2,42; 17,11; Philipper 2,16; Kolosser 3,16a; 1. Timotheus 6,3-4; 2. Timotheus 1,13; 3,16-17; Jakobus 1,21; 1. Petrus 1,23-25

Punkt 2: Das Verhältnis zu anderen Christen

Ist die Gemeinschaft mit anderen gläubigen Christen für Sie die bevorzugte Gesellschaft? - Martin Luther King soll einmal gesagt haben:

> "Wir haben gelernt, wie die Vögel zu fliegen und wie die Fische zu schwimmen. Aber wir haben die einfache Kunst nicht erlernt, als Brüder zu leben." (3)

Das echte Leben aus Gott zeichnet sich also durch eine tiefe Sehnsucht nach Gemeinschaft mit Gleichgesinnten aus. Der echt bekehrte Christ zieht Zusammenkünfte, in denen sein Glaube gestärkt wird, den zahlreichen weltlichen Angeboten vor. An der neu entstandenen Liebe zu anderen Gläubigen ist folglich auch ablesbar, ob Gottes Geist wirklich in Ihnen wohnt. Die Bibel umschreibt es so:

> "Wer glaubt, dass Jesus Christus der von Gott verheißene Retter ist, der ist ein Kind Gottes. Kinder aber, die ihren Vater lieben, die lieben auch ihre Brüder und Schwestern" (1. Johannes 5,1).

Da dieses Zitat der Verständlichkeit wegen aus einer modernen Bibelübersetzung zitiert wurde, lohnt sich hier auch noch ein Vergleich mit dem Urtext. Dort heißt es wörtlich übersetzt: "Jeder, der glaubt, dass Jesus der Christus ist, ist aus Gott gezeugt. Und jeder, der den Erzeuger liebt, liebt auch die von ihm Erzeugten."

Im gleichen Brief schreibt der Apostel Johannes:

> "Daran kann also jedermann erkennen, wer ein Kind Gottes oder wer ein Kind des Teufels ist. Alle, die Unrecht tun und ihren Bruder nicht lieben, sind niemals Gottes Kinder" (1. Johannes 3,10).

Diese Worte sind von äußerster Wichtigkeit! Sie schneiden hier nämlich ein Thema an, mit dem verschiedene Christen enorm zu kämpfen haben. So werden da und dort Mitchristen aufgrund unterschiedlicher theologischer Ansichten als 'echt' oder als 'falsch' eingestuft. Als wäre die entsprechende Theologie unser Prüfungskriterium!

Der wirklich vom Heiligen Geist geleitete Christ prüft niemals anhand von theologischen Ansichten und Meinungen. Vielmehr ist er erfüllt von einer göttlichen Liebe, die ihn auch die etwas anders gearteten Glaubensgeschwister lieben lässt.

Jemand fragte mich einmal bezüglich der 'echten' und 'falschen' Brüder: "Wie kann man denn aber genau wissen, wer jetzt wirklich ein Bruder in Christus ist und wer nicht? Ich kann doch nicht einfach ungeprüft jemanden als Bruder betrachten, obwohl er vielleicht sogar die größte Irrlehre verkündet. Muss ich da nicht auch alles prüfen und das Gute behalten (nach 1. Thessalonicher 5,21)?"

Das ist richtig. Und genau deshalb schreibt der Apostel Johannes weiter:

> "Meine Lieben! Glaubt nicht jedem, der behauptet, dass er Gottes Geist hat. Prüft vielmehr genau, ob es wirklich von Gott stammt, was er sagt. Es hat in dieser Welt schon viele falsche Propheten gegeben, die alle vorgaben, im Auftrag Gottes zu reden. Daran zeigt sich, ob jemand tatsächlich vom Geist Gottes erfüllt ist: Er wird bekennen, dass Jesus aus Fleisch und Blut von Gott zu uns gekommen ist. Wer das leugnet, hat nicht den Geist Gottes. Aus ihm spricht der Geist des Antichristen..." (1. Johannes 4,1-3a).

Das Prüfungskriterium ist also auch hier nicht eine theologische Ansicht, sondern die Haltung zum Sohn Gottes als Erlöser. Entscheidend ist nicht die Frage, ob zum Beispiel jemand die Erwachsenentaufe befürwortet oder ablehnt, sondern sein Bekenntnis zur Person von Jesus Christus. Es ist auch nicht maßgebend, ob er erklärter Evangelikaler, waschechter Pfingstler oder ein Verfechter der landeskirchlichen Tradition ist. Das biblische Prüfungskriterium ist ein ganz anderes. Die wirklichen Irrlehrer entlarven sich nämlich dadurch selbst, dass sie Jesus Christus und seine vollkommene Erlösungstat zu schmälern versuchen. Und deshalb stellt Johannes ein weiteres Mal fest:

> "Überall begegnen wir Betrügern, die in der ganzen Welt ihre Irrlehre verbreiten. Sie wollen die Menschen auf einen falschen Weg locken und behaupten, dass Jesus nicht als Mensch aus Fleisch und Blut zu uns gekommen ist. Diese Betrüger sind Werkzeuge des größten Verführers aller Zeiten und des schlimmsten Feindes Christi, des Antichristen" (2. Johannes 7).

Welches sind also die Geschwister, die wir zu lieben haben? Alle, die bekennen, dass Jesus Christus von Gott zu uns auf diese Welt gesandt wurde; die von ihm nicht als von einer Legende, einem besonderen Geistwesen oder gar einer Kultfigur reden, sondern vom fleischgewordenen Sohn Gottes; die mit Überzeugung lehren, dass Christus – und nur er allein! - das Heil für unsere Welt ist. Die echten Geschwister in Christus lehnen denn auch bewusst jegliche zusätzliche Erlösungsmöglichkeit mit aller Entschiedenheit ab.

Unsere echten Geschwister befinden sich jedoch nicht nur in einer speziellen christlichen Kirche oder Gemeinde. Im Gegenteil. Wir können sie weltweit in Tausenden von verschiedenen Kirchen, Denominationen und Gruppierungen finden. Ich sehe dahinter weniger ein theologisches Problem als vielmehr die Tatsache, dass wir einen sehr vielseitigen Gott haben! So ist es auch für mich persönlich immer wieder eine Bereicherung, Gottesdienste mit anderen Christen aus den verschiedensten Kulturen und Denominationen feiern zu dürfen.

Ein echter Christ hat also ein tiefes Verlangen nach Gemeinschaft mit Gleichgesinnten. Kennen Sie dieses Bedürfnis auch? Ist es für Sie auch eine

Lust, Gemeinschaft mit anderen Gläubigen zu pflegen? Oder gehören Sie zu denen, die schon nach einer halben Stunde Gottesdienst sehnsüchtig auf die Uhr schauen und sich fragen, wie lange die ganze Sache wohl noch dauert...?

In einem solchen Falle hätten Sie ganz einfach noch nicht die Schönheit der christlichen Zusammenkünfte begriffen, wie sie im Psalm 133 beschrieben wird:

> "Wie schön und angenehm ist es, wenn Brüder in Frieden zusammen leben!" (Psalm 133,1).

Eine wirklich gut funktionierende christliche Zusammenkunft müsste für uns selbstverständlich sein! Darum sollte jeder Christ auch ganz persönlich aktiv dazu beitragen. Doch ich kenne Menschen, die in Stress geraten, wenn der Sonntagsbraten einmal nicht pünktlich auf dem Tisch steht. Während der letzten halben Stunde des Gottesdienstes denken sie nur noch an das Amen des Pfarrers. Sie sind zwar religiös veranlagt, kennen aber das wahre Christenleben nicht. Muss man sich da nicht fragen, ob solche Menschen wirklich den Geist Gottes in sich haben? Denn wo der Sonntagsbraten wichtiger ist als die Gemeinschaft mit Gleichgesinnten, dürfte wohl das Entscheidende fehlen: das Leben aus einer lebendigen Beziehung zu Jesus Christus.

Fragen zur Selbstprüfung

Wo und wie verbringen Sie Ihre Freizeit?

Haben Sie ein starkes Verlangen nach regelmäßiger Gemeinschaft mit entschiedenen Christen?

Wie sieht Ihre Liebe zu den Glaubensgeschwistern aus anderen Kirchen und Denominationen aus?

Drei Bibelstellen zum Thema als persönliche Ermutigung

"Die ersten Christen ließen sich regelmäßig von den Aposteln unterrichten und lebten in brüderlicher Gemeinschaft, feierten das Abendmahl und beteten miteinander. Eine tiefe Ehrfurcht vor Gott erfüllte sie alle. Er wirkte durch die Apostel viele Wunder und bestätigte auf diese Weise ihre Worte. Die Gläubigen lebten wie in einer großen Familie. Was sie besaßen, das gehörte ihnen gemeinsam. Wer ein Grundstück oder anderen Besitz hatte, verkaufte ihn und half mit dem Geld denen, die in Not waren. Täglich kamen sie im Tempel zusammen und feierten in den Häusern das Abendmahl. In großer Freude und mit aufrichtigem Herzen trafen sie sich zu gemeinsamen Mahlzeiten. Sie lobten Gott und waren im ganzen Volk geachtet und anerkannt. Die Gemeinde wurde mit jedem Tag größer, weil Gott viele Menschen rettete" (Apostelgeschichte 2,42-47).

"Versäumt nicht die Zusammenkünfte eurer Gemeinde, wie es sich einige angewöhnt haben. Ermahnt euch gegenseitig dabeizubleiben. Ihr seht ja, dass der Tag nahe ist, an dem der Herr wiederkommt" (Hebräer 10,25).

"Wir wissen, dass wir durch Christus vom ewigen Tod gerettet wurden und jetzt ein neues Leben haben. Das zeigt sich an der Liebe zu unseren Brüdern. Wer diese Liebe nicht hat, der bleibt dem ewigen Tod ausgeliefert" (1. Johannes 3,14).

Ebenfalls empfehlenswert für das persönliche Studium:

Psalm 1,1; 40,11-12; 84,2; 107,32; Matthäus 18,20; Apostelgeschichte 4,32; Römer 12,13.15; Galater 6,2; Epheser 1,15; 4,2-6; Philemon 4-7

Punkt 3: Ihr Verhältnis zum Gebet

Sind Sie ein Beter, eine Beterin? - Ein reges Gebetsleben ist ein Beweis dafür, dass der Geist Gottes in uns wohnt. Bekehrte Christen wissen, dass sie jedes Problem, jede Not, jedes Anliegen Gott sagen können. Sie wissen, dass ihre Beziehung zu Gott ganz entscheidend vom regelmäßigen Reden mit ihm lebt. Es ist Ausdruck ihrer Liebesbeziehung zu ihm.

Wer in seinem Leben einmal eine klare Hinwendung zu Jesus Christus erlebt hat, weiß um den Unterschied zwischen seinem früheren und seinem jetzigen Leben. Das gilt besonders auch im Bereich des Gebets. Früher war das Beten oftmals schwierig oder langweilig – oder man hat überhaupt nie gebetet. Man betete ein schriftlich vorgegebenes oder ein auswendig gelerntes Gebet, oder man brauchte ein Gebetsbuch. Doch nach der Bekehrung sind alle diese Hilfsmittel nicht mehr nötig, weil nun das Gebet aus einer Liebesbeziehung zu Gott fließt. Das Gotteskind kann jetzt frei und mit viel Freude beten. Und wenn wir nicht wissen, was wir beten sollen, hilft der Heilige Geist unserer Schwachheit auf (Römer 8,26).

Bekehrte und wiedergeborene Christen haben denn auch keine Mühe, öffentlich in einer Kirche oder Versammlung laut zu beten. Es ist für sie vielmehr eine Freude und ein Vorrecht, dies tun zu dürfen. Und je mehr das öffentliche Gebet praktiziert wird, um so leichter fällt es einem und um so schöner wird es. Wie ein Kind mit seinem Vater redet und ihm - sofern die Beziehung stimmt - auch alles erzählt, so verhält sich auch der bekehrte, gläubige Christ seinem himmlischen Vater gegenüber. Er spricht viel mit ihm.

Nichtbekehrte spüren Gottes Nähe nicht. Für sie ist er irgendwo weit weg. Sie können es sich gar nicht vorstellen, dass man ganz natürlich und selbstverständlich mit ihm in Kontakt treten darf. Beten ist für sie eher langweilig. Der nicht vom Heiligen Geist erfüllte Christ sucht denn auch nur selten oder nie Gebetsgemeinschaften auf, weil er noch nicht auf den 'Geschmack' gekommen ist. Das Entscheidende fehlt ihm noch: eine klare Bekehrung und Wiedergeburt.

Andererseits:

> "Nicht alle, die in die Kirche oder in die Versammlung gehen, beten auch im Geist und in der Wahrheit an. Die am lautesten singen, sind es nicht immer, die Gott am meisten loben. Und die die längsten Gesichter machen, sind nicht immer die, die vom größten Ernst erfüllt sind." (4)

Dies hielt der bekannte englische Erweckungsprediger Charles Haddon Spurgeon schon vor mehr als hundert Jahren fest. Und Werner Elert ergänzt diese Aussage, wenn er schreibt:

> "Dass ein Christ betet, verbürgt noch nicht, dass er christlich betet." (5)

Deshalb muss auch hier festgehalten werden, dass es beim echten, aufrichtigen und Gott wohlgefälligen Gebet nicht in erster Linie um äußere Formen, sondern um die richtige Herzenshaltung geht.

Fragen zur Selbstprüfung

Suchen Sie in Ihrem Leben regelmäßig Geborgenheit und Zuflucht im Gebet?

An wen wenden Sie sich zuerst, wenn ein Problem in Ihrem Leben auftaucht? An Gott oder an....?

Ist das Gebet für Sie nur unangenehme Pflichterfüllung oder Ausdruck Ihrer persönlichen Beziehung zu Ihrem himmlischen Vater?

Beten Sie nur in Floskeln oder wählen Sie die Worte entsprechend Ihren persönlichen Bedürfnissen?

Besuchen Sie regelmäßig Gebetszusammenkünfte?

Drei Bibelstellen zum Thema als persönliche Ermutigung

"Wenn du keinen Ausweg mehr siehst, dann rufe mich zu Hilfe! Ich will dich retten, und du sollst mich preisen. Wer mir dankt, der bringt ein Opfer, das mich ehrt. Es gibt keinen anderen Weg, nur so kann ich ihn erretten!" (Psalm 50,15+23).

"Leiere deine Gebete nicht herunter wie Leute, die Gott nicht kennen. Sie meinen, Gott würde schon antworten, wenn sie nur viele Worte machen. Nein, euer Vater weiß genau, was ihr braucht, noch ehe ihr ihn um etwas bittet" (Matthäus 6,7-8).

"Ihr werdet alles bekommen, wenn ihr im festen Glauben darum bittet" (Matthäus 21,22).

Ebenfalls empfehlenswert für das persönliche Studium:

Psalm 32,6; 62,9; Sprüche 15,8; Daniel 9,18; Matthäus 7,7-11; 18,19-20; Lukas 21,36; Apostelgeschichte 4,23-31; 6,4; Epheser 6,18; Philipper 4,6; 1. Thessalonicher 5,17; 1. Timotheus 2,1-3; 1. Petrus 5,7; Johannes 15,7

Punkt 4: Ein Leben nach dem Willen Gottes

Darf Gottes Wille Ihr Handeln bestimmen? - Ein weiteres Kennzeichen von Christen, die eine klare Bekehrung erlebt haben, ist, dass sie nicht mehr für sich selbst leben, sondern ihren eigenen Willen Gott unterstellt haben. Man fragt nicht mehr nach den eigenen Richtlinien und Rechten, sondern danach, wie und wo man Gott dienen kann.

Jesus lehrte uns in der Bergpredigt:

> "Wer meine Worte hört und danach handelt, der ist klug. Man kann ihn mit einem Mann vergleichen, der sein Haus auf felsigen Grund baut" (Matthäus 7,24).

Es kann niemals Gottes Wille sein, dass wir uns Sonntag für Sonntag von seinem Gedankengut einfach nur berieseln lassen! Taten sind gefragt. Jesus sagt:

> "Wenn ihr an meinen Worten festhaltet und das tut, was ich euch gesagt habe, dann gehört ihr wirklich zu mir. Ihr werdet die Wahrheit erkennen, und die Wahrheit wird euch befreien" (Johannes 8,31-32).

Mit der Theorie alleine ist es also nicht getan ist. Gott hat einen ganz bestimmten Plan für jedes Menschenleben. Auch für Sie!

Als Paulus sich einst vor den Juden verteidigen musste, schilderte er ihnen seine Bekehrung und sein darauf folgendes Suchen nach dem Willen Gottes:

> "Als ich auf dieser Reise Damaskus schon fast erreicht hatte, umgab mich zur Mittagszeit plötzlich vom Himmel her ein strahlend helles Licht. Ich fiel zu Boden und hörte eine Stimme: 'Saul, Saul, warum

> verfolgst du mich?' Voller Schrecken fragte ich: 'Wer bist du, Herr?' und hörte als Antwort: 'Ich bin Jesus von Nazareth, den du verfolgst.' Meine Begleiter sahen genauso wie ich das Licht, aber sie hörten nicht, was gesagt wurde. 'Was soll ich tun, Herr', fragte ich nun, und der Herr antwortete mir: 'Steh auf! Geh nach Damaskus. Dort wird man dir sagen, welche Aufgabe du übernehmen sollst'" (Apostelgeschichte 22,6-10).

"Was soll ich tun?" Das ist eine Frage, die viele Christen stellen. Das soeben zitierte Beispiel zeigt, dass Gott mit seiner Antwort auf diese Frage nicht lange wartet. Sofort hieß es: "Steh auf! Geh!"

Christen sind dazu berufen, aktiv zu werden. Wer an Jesus Christus gläubig geworden ist, bleibt nicht mehr länger auf der faulen Haut liegen. Da der Missionsbefehl für alle Christen seine Gültigkeit hat, gibt es mehr als genug zu tun. Der Evangelist Ray Comfort meint dazu:

> "Jeder Christ hat die moralische Verantwortung, diese sterbende Welt zu evangelisieren." (6)

Es ist der Wille Gottes für Ihr Leben, so viele Menschen wie nur möglich mit der froh machenden Botschaft des Evangeliums zu erreichen. Wenn Sie nicht wissen, wie man das macht, fragen Sie Gott! Aber passen Sie auf! Gott kann Ihnen durch Seinen Heiligen Geist in kürzester Zeit eine Antwort geben, die Sie dann aber auch in die Tat umzusetzen haben.

Die Frage nach dem Willen Gottes ist sehr wichtig. Sie entscheidet darüber, wo wir unsere Ewigkeit verbringen werden. So lehrte Jesus:

> "Nicht wer mich dauernd 'Herr' nennt, wird in Gottes Reich kommen, sondern wer den Willen meines Vaters im Himmel tut" (Matthäus 7,21).

Begnügen Sie sich also nicht damit, Gott nur als ihren 'Herrn' zu bezeichnen. Werden Sie Täter des Wortes! Die Bibel drückt sich dazu unmissverständlich aus:

> "Nun genügt es aber nicht, sein Wort nur anzuhören; ihr müsst auch danach handeln. Alles andere ist Selbstbetrug! Wer Gottes Wort nur hört, es aber nicht in die Tat umsetzt, dem geht es wie einem Mann, der in den Spiegel schaut. Er betrachtet sich, geht wieder weg und hat auch schon vergessen, wie er aussieht. Wer aber die Botschaft von der Rettung und Befreiung erkannt hat und immer wieder danach handelt, der hat sie nicht vergeblich gehört. Er kann glücklich sein, denn Gott wird ihn segnen und alles, was er tut" (Jakobus 1,22-25).

Fragen zur Selbstprüfung

Was bestimmt Ihr Handeln, Reden und Tun am meisten?

Wie kommt der Wille Gottes im Bereich der Zeit und der Finanzen bei Ihnen zur Geltung?

Kennen Sie den Plan Gottes für Ihr Leben? Wie könnte dieser aussehen?

Drei Bibelstellen zum Thema als persönliche Ermutigung

"Gefällt es euch aber nicht, dem Herrn zu dienen, so wählet heute, wem ihr dienen wollt: den Göttern, denen eure Väter jenseits des Stromes gedient haben, oder den Göttern der Amoriter, in deren Land ihr wohnt. Ich aber und mein Haus, wir wollen dem Herrn dienen" (Josua 24,15).

"Häuft in dieser Welt keine Reichtümer an! Sie verlieren schnell ihren Wert oder werden gestohlen. Sammelt euch vielmehr Schätze im Himmel, die nie ihren Wert verlieren und die kein Dieb mitnehmen kann. Wo nämlich eure Schätze sind, da zieht es euch hin. Gebt nur Gott und seiner Sache den ersten Platz in eurem Leben, so wird er euch alles geben, was ihr nötig habt" (Matthäus 6,19-21).

"Liebe Brüder! Welchen Wert hat es, wenn jemand behauptet, an Christus zu glauben, aber an seinen Taten ist das nicht zu erkennen? Kann ihn ein solcher Glaube vor Gottes Urteil retten? Stellt euch vor, in eurer Gemeinde sind einige in Not. Sie haben weder etwas anzuziehen noch genug zu essen. Wäre ihnen schon damit geholfen, wenn du zu ihnen sagst: 'Ich wünsche euch alles Gute! Hoffentlich habt ihr warme Kleider und könnt euch satt essen!', ohne dass ihr ihnen gebt, was sie zum Leben brauchen? Genauso nutzlos ist ein Glaube, der sich nicht in der Liebe zum Nächsten beweist: Er ist tot. Nun könnte jemand sagen: 'Der eine glaubt, und der andere tut Gutes.' Ihm müsste ich antworten: 'Zeige doch einmal deinen Glauben her, der keine guten Taten hervorbringt! Meinen Glauben kann ich dir zeigen. Du brauchst dir nur anzusehen, was ich tue.' Du glaubst, dass es nur einen einzigen Gott gibt? Gut und schön. Aber das glauben sogar die Dämonen - und zittern vor Angst. Wann endlich wirst du törichter Mensch einsehen, dass der Glaube nichts wert ist, wenn wir nicht auch tun, was Gott von uns will!" (Jakobus 2,14-20).

Ebenfalls empfehlenswert für das persönliche Studium:

Haggai 1,2-9; Lukas 1,74-75; Römer 6,17-23; 2. Korinther 9,6-8; Galater 6,7-10; Philipper 1,27; 1. Thessalonicher 1,2-10; Hebräer 13,14; 1. Petrus 2,5; 4,8-11

Punkt 5: Mit anderen über Jesus reden

Bekennen Sie Jesus vor Ihren Mitmenschen? - Menschen, die in ihrem Leben Gott persönlich erfahren haben, können einfach nicht mehr schweigen. Die Verlorenheit dieser Welt wird ihnen zur Not. Es beschäftigt sie, dass ihre Mitmenschen oft so achtlos und gedankenlos an Gottes Liebesangebot vorbeileben. Darum sind Christen, die eine tiefgründige und echte Hinwendung zu Jesus Christus erlebt haben, auch so stark von einem missionarischen Bewusstsein geprägt. Es drängt sie danach, das mit Gott Erlebte anderen Menschen weiterzuerzählen. Der von Jesus gegebene Missionsbefehl hat für sie oberste Priorität:

> "Geht hinaus in die ganze Welt und ruft alle Menschen in meine Nachfolge! Tauft sie und führt sie hinein in die Gemeinschaft mit dem Vater, dem Sohn und dem Heiligen Geist! Lehrt sie, so zu leben, wie ich es euch aufgetragen habe. Ihr dürft sicher sein: Ich bin immer und überall bei euch bis ans Ende dieser Welt!" (Matthäus 28,19-20).

Eine Wiederholung dieses Missionsbefehls findet sich in Markus 16,15.

Es gibt zwar immer wieder Christen, für die dieser Auftrag keine besondere Bedeutung hat. "Dazu sind doch die Evangelisten da", heißt es dann oft. "Und überhaupt: Ich kann nicht so gut reden. Ich weiß ja kaum, was ich sagen soll."

Besteht aber nicht ein großer Widerspruch zwischen diesen (Schein-) Argumenten und der Tatsache, dass in jedem bekehrten und wiedergeborenen Menschen der Heilige Geist wohnt, der ein missionarisches Bewusstsein in ihn legt? Der Heilige Geist und das Wort Gottes widersprechen sich nie. Vom Geist Gottes erfüllt, sagten die ersten Verkündiger der christlichen Lehre:

> "Wir können unmöglich verschweigen, was wir gesehen und gehört haben!" (Apostelgeschichte 4,20).

Wer wirklich von der Liebe Gottes zu seinen verlorenen Mitmenschen erfüllt ist, kann und darf einfach nicht schweigen. Er *muss* seinen Mitmenschen von Jesus erzählen, ein klares Zeichen dafür, dass er ein Christsein nach Gottes Willen lebt.

Paulus schreibt an Timotheus:

> "Verkündige den Menschen Gottes Wort. Setze dich dafür ein, und zwar überall und zu jeder Zeit! Rede ihnen ins Gewissen, weise sie zurecht, und ermutige sie, wo es nötig ist. Lehre sie geduldig, den richtigen Weg zu gehen" (2. Timotheus 4,2).

Fragen zur Selbstprüfung

Welches ist der häufigste Gesprächsstoff, wenn Sie mit anderen Menschen zusammenkommen? Ist es Ihnen ein tiefes Anliegen, Ihren Mitmenschen von der Größe Gottes und von der Erlösungstat Jesu Christi zu erzählen?

Was hindert Sie daran, mit ihnen über Erfahrungen mit Jesus zu reden?

Drei Bibelstellen zum Thema als persönliche Ermutigung

"Wer sich öffentlich zu mir bekennt, für den werde ich auch vor meinem Vater im Himmel eintreten" (Matthäus 10,32).

"Denn wenn du mit deinem Munde bekennst: 'Jesus Christus ist der Herr!', und wenn du von ganzem Herzen glaubst, dass Gott ihn von den Toten auferweckt hat, dann wirst du gerettet werden. Wer also von Herzen an

Christus glaubt und seinen Glauben auch bekennt, der erlebt, was es heißt, von Christus erlöst zu sein" (Römer 10,9-10).

"Daran zeigt sich, ob jemand tatsächlich vom Geist Gottes erfüllt ist: Er wird bekennen, dass Jesus Christus als Mensch aus Fleisch und Blut von Gott zu uns gekommen ist" (1. Johannes 4,2).

Ebenfalls empfehlenswert für das persönliche Studium:

Psalm 34,2-4; 40,4.10; 51,17; Hesekiel 3,18-21; Matthäus 9,35-38; Johannes 1,40-46; 12,42-43; Apostelgeschichte 1,8; 5,32; Römer 1,13b-14; 1,16; 10,14; 1. Korinther 1,23; 2. Korinther 4,5; Hebräer 13,15; 1. Petrus 3,15

Punkt 6: Die Frage nach der Leidensbereitschaft

Sind Sie bereit, um Jesu willen Leiden auf sich zu nehmen? - Da Bekehrte die persönliche Liebe Gottes in ihrem eigenen Leben erfahren haben, können sie auf Spott und Verachtung mit Liebe reagieren. Sie nehmen das Leiden aus Gottes Hand und geben den andern nicht auf. Denn Anfeindungen, Verleumdungen und Leiden dienen nach 1.Petrus 2,19-21 dazu, unsern Glauben zu prüfen und zu festigen, so dass wir dem Leiden um Jesu willen durchaus auch etwas Positives abgewinnen können. Es kommt also wesentlich auf die Einstellung an, mit der wir dem Leiden begegnen. Pfarrer Richard Wurmbrand, „der Märtyrer des 20. Jahrhunderts", der unter dem kommunistischen Regime Rumäniens viele Jahre im Gefängnis verbringen musste, soll einmal gesagt haben:

> "Ich habe keine Ahnung, warum ich soviel leiden muss. Was ich aber weiß, ist, dass Gott entschlossen ist, aus dir und mir Meisterstücke zu machen." (7)

Unser Leiden ist nicht umsonst. Ja, manchmal ist es sogar die einzige Möglichkeit, durch die Gott uns seinen Willen kundtun kann. In diesem Sinne sagte denn wohl auch Karl Heim:

> "Auf seine besten Werkzeuge lässt Gott einen Schatten fallen, damit nur sein Name leuchtet." (8)

So sehr dies unserem menschlichen Denken auch widersprechen und widerstreben mag - aber durch Leiden verherrlicht sich Gott, wie wir es am furchtbaren Kreuzestode seines Sohnes Jesus Christus am eindrücklichsten sehen. Ohne diesen Tod gäbe es für uns Menschen keine ewiggültige Vergebung unserer Schuld.

Es ist ein großer Irrtum zu behaupten, das Leben als Christ sei nur eitel Sonnenschein und Freude. Nein, Gott packt seine Kinder nicht in Watte. Wer sich für ein aktives Leben mit Jesus entscheidet, begibt sich mitten auf ein Kampffeld. Dass es sich beim Glaubensleben um einen Kampf handelt, bestätigt auch Paulus:

> "Kämpfe den guten Kampf des Glaubens! Erringe so das ewige Leben" (1. Timotheus 6,12).

Ein Kampf ist aber immer auch mit Leiden verbunden. Wer etwas anderes behauptet, macht sich selbst und seinen Mitmenschen etwas vor. Christen, die ihren Glauben konsequent leben, sind durchaus nicht überall beliebt. Sehr viele Christen auf der ganzen Welt haben unter zum Teil schwerster Verfolgung zu leiden.

Fragen zur Selbstprüfung

Mussten Sie aufgrund Ihres persönlichen Glaubens auch schon Leiden auf sich nehmen?

Sind Sie wirklich bereit, Jesus auch dann zu vertrauen, wenn Sie keinen Durchblick mehr haben?

Können Sie die Aussage, dass das Leiden für Christus auch seine guten Seiten hat, aus vollem Herzen bejahen?

Drei Bibelstellen als persönliche Ermutigung

"Zwar bleibt auch dem, der treu zu Gott steht, Schmerz und Leiden nicht erspart; doch aus allem befreit ihn der Herr!" (Psalm 34,20).

"Glücklich sind, die deshalb verfolgt werden, weil sie Gottes Willen tun. Sie werden mit Gott in seinem Reich leben. Wenn ihr verachtet, verfolgt und zu Unrecht verleumdet werdet, weil ihr mir nachfolgt, dann könnt ihr darüber glücklich sein. Ja freut euch, denn im Himmel werdet ihr dafür belohnt werden. Genauso haben sie die Propheten früher auch verfolgt" (Matthäus 5,10-12).

"Es ist eine besondere Gnade, wenn jemand deshalb Böses erträgt und Unrecht erduldet, weil er in seinem Gewissen an Gott gebunden ist. Kann denn jemand stolz darauf sein, wenn er die gerechte Strafe für sein böses Handeln annimmt? Erträgt aber jemand Strafe und Leid, obwohl er nichts Böses, sondern nur Gutes getan hat, dann ist das ein Geschenk Gottes. Als Christen hat euch Gott dazu berufen. Denn auch Christus hat für euch gelitten, und er hat euch ein Beispiel gegeben, dem ihr folgen sollt" (1. Petrus 2,19-21).

Ebenfalls empfehlenswert für das persönliche Studium:

Sprüche 15,33; Matthäus 10,16-39; Lukas 6,22; Johannes 15,18-21; Apostelgeschichte 5,42; Philipper 1,29; 2. Timotheus 3,12; Hebräer 11,25; 12,4; 1. Petrus 4,12-16

Punkt 7: Die Frage nach der Erkenntnis Ihrer Schuld

Sind Sie innerlich betrübt über Ihre Fehler und Sünden? - Bekehrte und wiedergeborene Christen erleben als Kennzeichen ihrer Echtheit immer wieder, dass der Heilige Geist sie auf gemachte Fehler oder auf Schwächen im persönlichen Leben hinweist. Sie bereuen diese aufrichtig und sind bereit, sie vor Gott in Ordnung zu bringen. Sie wissen um die Tatsache, dass sie letztlich nur durch die Gnade Gottes und niemals aufgrund ihrer guten Werke oder großartiger Leistungen gerechtfertigt sind.

Gott ist traurig über unsere Sünden, aber er möchte sie uns vergeben. Als noch nichts von der Vergebungsbereitschaft Gottes durch Jesus Christus bekannt war, schrieb der Prophet Jesaja:

> "Du hast mich belästigt mit deinen Sünden, mir Mühe gemacht mit all deiner Verschuldung. Ich, ich tilge deine Missetaten um meinetwillen, und deiner Sünden will ich nimmermehr gedenken" (Jesaja 43,24-25).

Roland Werner schreibt:

> "Dass es Sünde gibt, ist eine Tatsache. Sie macht unser Leben und das Leben in dieser Welt kaputt. Es hilft nicht, Sünde zu ignorieren, zu verharmlosen oder wegzuerklären. Weil Jesus für unsere Sünde gestorben ist, können wir frei sein von Schuld und von unserem schlechten Gewissen. Wenn wir bekennen, was unrecht ist, nimmt Gott es weg und öffnet uns den Weg zur Gemeinschaft mit ihm und miteinander." (9)

Viele Christen denken, man müsse nur einmal im Leben, nämlich bei der Bekehrung, ein aufrichtiges Sündenbekenntnis ablegen. Doch dies ist ein Irrtum, denn wir sündigen immer wieder und bedürfen deshalb immer wieder

der göttlichen Vergebung. Es ist ein unheilvoller Selbstbetrug zu meinen, wir würden nach unserer Hinwendung zu Jesus nicht mehr sündigen. Der Apostel Johannes schreibt:

> "Freilich werden immer wieder Leute behaupten, sie hätten das nicht nötig, sie seien frei von aller Schuld. Wer so etwas sagt, betrügt sich selbst. In ihm ist kein Fünkchen Wahrheit. Wenn wir aber unsere Sünden bereuen und sie bekennen, dann dürfen wir darauf vertrauen, dass Gott seine Zusage treu und gerecht erfüllt: Er wird unsere Sünden vergeben und uns von allem Bösen reinigen. Doch wenn wir behaupten, wir hätten gar nicht gesündigt, dann machen wir Gott zum Lügner und beweisen damit nur, dass wir Christus noch gar nicht kennen" (1. Johannes 1,8-10).

Doch damit ist seine Botschaft noch nicht ganz zu Ende:

> "Meine geliebten Kinder, ich schreibe euch, damit ihr nicht länger sündigt. Sollte aber doch einer Schuld auf sich laden, dann haben wir einen, der selbst ohne jede Sünde ist und beim Vater für uns Sünder eintritt: Jesus Christus. Denn Christus hat unsere Sünden, ja die Sünden der ganzen Welt auf sich genommen; er hat sie gesühnt" (1. Johannes 2,1-2).

Diese Frohbotschaft sollte uns Mut machen, unsere Sünden zu bekennen. Das gilt selbstverständlich auch für diejenigen Fehler und Schwächen, die wir am liebsten verdrängen würden, weil sie uns so peinlich sind. Wenn der Heilige Geist sie uns aufdeckt, müssen wir unseren Stolz überwinden und uns ehrlich dazu stellen.

Jakobus schrieb seinen Brief an Christen, die schon einige Jahre im Glauben standen. Auch er ermutigt zum Sündenbekenntnis:

"Darum sollt ihr einander eure Sünden bekennen und füreinander beten, damit ihr geheilt werdet" (Jakobus 5,16a).

Fragen zur Selbstprüfung

Bekennen Sie regelmäßig Ihre Sünden vor Gott und vor den Mitmenschen? (Vgl. Römer 7,24, Zürcher Bibel)

Könnten Sie den biblischen Ausspruch "Ich elender Mensch!" jederzeit voll und ganz unterschreiben?

Sind Sie fest davon überzeugt, dass es in Ihrem Leben letztlich nichts gibt, was Sie Gott so quasi als Ihre Glanzleistung vorweisen können?

Drei Bibelstellen zum Thema als persönliche Ermutigung

"Erst wollte ich dir, Herr, meine Schuld verheimlichen. Doch davon wurde ich so schwach und elend, dass ich nur noch stöhnen konnte. Tag und Nacht bedrückte mich dein Zorn, meine Lebenskraft vertrocknete wie Wasser in der Sommerhitze. Da endlich gestand ich dir meine Sünde; mein Unrecht wollte ich nicht länger verschweigen. Ich sagte: 'Ich will dem Herrn meine Vergehen bekennen!' Und wirklich: Du hast mir meine ganze Schuld vergeben!" (Psalm 32,3-5).

"Meine schwere Schuld - wasche sie ab, und reinige mich von meiner Sünde! Denn ich erkenne mein Unrecht, meine Schuld steht mir ständig vor Augen" (Psalm 51,4-5).

"Das Gesetz ist von Gottes Geist bestimmt. Das wissen wir genau. Ich aber bin nur ein Mensch und der Herrschaft der Sünde ausgeliefert. Ich verstehe ja selber nicht, was ich tue. Das Gute, das ich mir vornehme, tue ich nicht;

aber was ich verabscheue, das tue ich. Bin ich mir aber bewusst, dass ich falsch handle, dann gebe ich damit zu, dass Gottes Gesetz gut ist. Das aber bedeutet: Nicht ich selbst tue das Böse, sondern die Sünde, die in mir wohnt, treibt mich dazu. Ich weiß wohl, dass der Mensch von Natur aus nicht gut ist. Deshalb werde ich niemals das Gute tun können, so sehr ich mich auch darum bemühe. Ich will zwar immer wieder Gutes tun und tue doch das Schlechte; ich verabscheue das Böse, aber ich tue es dennoch. Wenn ich also immer wieder gegen meine Absicht handle, dann ist klar, dass es die Sünde in mir ist, die mich zu allem Bösen verführt. Ich mache immer wieder dieselbe Erfahrung: Das Gute will ich tun, aber ich tue das Böse. Ich wünsche mir nichts sehnlicher, als Gottes Gesetz zu erfüllen. Dennoch handle ich nach einem anderen Gesetz, das in mir wohnt. Dieser Widerspruch zwischen meiner richtigen Einsicht und meinem falschen Handeln beweist, dass ich ein Gefangener der Sünde bin. Ich stelle also fest: Innerlich stimme ich zwar dem Gesetz Gottes zu, aber in meinen Taten folge ich dem Gesetz der Sünde. Ich unglückseliger Mensch! Wer wird mich jemals aus dieser Gefangenschaft befreien? Gott sei Dank! Durch unseren Herrn Jesus Christus sind wir bereits befreit" (Römer 7,14-25).

Ebenfalls empfehlenswert für das persönliche Studium:

Psalm 38,19; Matthäus 3,6; Hebräer 4,14-16; 10,26-27; 1. Johannes 1,9

Punkt 8: Zeugnishafter Lebensstil

Ist Ihr Leben ein Zeugnis und ein Vorbild in dieser Welt? - Ein Leben aus Gott hat Auswirkungen auf alle Bereiche. Es hinterlässt Spuren in der Familie, am Arbeitsplatz, in der Gemeinschaft mit anderen Christen und in der Welt. Ein echt bekehrter Christ handelt und redet anders, und das muss für sein Umfeld klar erkennbar sein.

Was unterscheidet Ihren Lebensstil von dem eines gutbürgerlichen und anständigen Menschen? Das Befolgen gewisser Anstandsregeln alleine macht uns ja noch lange nicht zu zeugnishaften Christen. Da gehört schon noch ein wenig mehr dazu. Ein von Christus geprägter Lebensstil muss in allen Lebensbereichen ablesbar sein: im Umgang mit unseren Mitmenschen wie auch in unserer Freizeitgestaltung, im engen Familienkreis wie auch im beruflichen Alltag. Streit mit dem Nachbarn darf durch Vergebungs- und Versöhnungsbereitschaft beendet werden. In Ihnen wächst der tiefe Wunsch, Dinge in Ordnung zu bringen, die vielleicht jahrelang falsch gelaufen sind.

Von einem ehemaligen Ladendieb hörte ich, dass er nach seiner Bekehrung zu den einzelnen Geschäftsinhabern ging, um diesen seine Schuld zu bekennen. Er war bereit, die gestohlenen Sachen zurückzubringen oder diese zu bezahlen. Dieses bewegende Zeugnis hinterließ da und dort Spuren. Die einen sagten zu ihm: "Schon o.k.", "vergiss es!" oder "Schwamm drüber." Andere jedoch waren von diesem Bekenntnis so berührt, dass sie nach den tieferen Beweggründen fragten. Das anschließende Zeugnis über Jesus Christus verfehlte seine Wirkung nicht. Einer dieser Geschäftsinhaber wollte den ehemaligen Dieb sogar in seiner Firma einstellen.

Die Vergangenheit in Ordnung zu bringen, ist eine Möglichkeit des zeugnishaften Lebensstils. Die andere ist, gewisse Dinge nicht mehr zu tun.

Dazu gehört sicher das Unterlassen schmutziger Witze, das Fluchen, das negative Reden über nicht anwesende Personen oder auch der maßvolle und schonende Umgang mit unserer Schöpfung. Dazu kann aber auch gehören - und hier predige ich ein Stück weit auch mir selbst! -, dass wir unseren Körper, der ja gemäß der Bibel ein Tempel des Heiligen Geistes ist (1. Korinther 6,19), durch die richtige Nahrungsaufnahme ehren. Ich habe die Erfahrung gemacht, dass viele Christen vor allem vor Alkohol und Tabak warnen, jedoch kaum ein Wort darüber verlieren, wie viel und was sie essen und wie sie den Körper fit halten. Doch gerade auch in dieser Frage könnte sich der zeugnishafte Lebensstil zeigen.

Auch die Frage der Kleidung kann unter Umständen entscheidend sein. Ein vom Heiligen Geist erfüllter Christ trägt ganz bestimmt keine sexuell aufreizende Kleidung. Das heißt nun nicht, dass er sich nicht modisch kleiden darf und - wie einige meinen - im Stil des letzten Jahrhunderts herumlaufen muss. Wir wollen ja keine unnötigen Gesetze in die Welt setzen. Und dennoch kann auch unser äußeres Erscheinungsbild ein Zeugnis für unsere Umwelt sein. Ich als Pfarrer muss mich in der Kleidung meinem Zuhörer-publikum anpassen können. So dürfte ich mit Krawatte und gebügelter Hose unter 'wilden' Teenies wohl eher fehl am Platz sein, während der Seniorenclub von mir vermutlich ein gutbürgerliches ‚Outfit' erwartet. Paulus sagt im Zusammenhang mit einem glaubwürdigen Lebenszeugnis folgendes:

> "Damit ich die Juden für Christus gewinne, lebe ich wie ein Jude. Und wo man religiöse Vorschriften genau befolgt, lebe ich auch danach, obwohl sie für mich keine Gültigkeit mehr haben. Denn ich möchte auch diese Leute gewinnen. Bin ich aber bei Menschen, die ohne diese Gesetze leben, dann passe ich mich genauso an, um sie für Christus zu gewinnen. Das bedeutet aber nicht, dass ich mich nicht an Gottes Gebote halte, sondern ich befolge die Gebote Christi" (1. Korinther 9,20-21).

Paulus machte sich also auch Gedanken über einen zeugnishaften Lebensstil. Das war keine billige Form der Anpassung. Dahinter stand vielmehr sein Wunsch, Menschen für Jesus Christus zu gewinnen, indem er ihre gewohnten Lebensregeln respektierte.

Zum zeugnishaften Lebensstil gehört auch ein Thema, das viele Christen nur sehr ungern anschneiden: das liebe Geld. "Wenn sich der Geldbeutel bekehrt, so ist die Bekehrung echt", hat jemand gesagt. Ich kann diesem Zitat von ganzem Herzen zustimmen. Verschiedene Christen halten sich in dieser Frage jedoch gerne an den alttestamentlichen „Zehnten“ (siehe z.B. Maleachi 3,10), um nicht mehr als 10 Prozent ins Reich Gottes investieren zu müssen. Doch aus der Sicht des Neuen Testaments sind wir nur Verwalter (nicht Eigentümer) von dem, was uns anvertraut wurde. Wenn wir also sagen, dass unser Leben ganz Jesus Christus gehört, so gilt dies auch für all unseren Besitz. Mit anderen Worten: Wir müssten so stark von Jesus und seiner Liebe erfüllt sein, dass wir diesem Punkt aus ganzem Herzen zustimmen können. Ja, es ist sogar unser tiefstes Bedürfnis und eine große Freude, all unseren Besitz und den Umgang damit unter seine Herrschaft zu stellen, beziehungsweise einen großen Teil von unserem Einkommen und Vermögen für den Bau der Gemeinde Jesu spenden zu dürfen.

Es ist bestimmt nicht zeugnishaft, wenn ein Christ in Saus und Braus lebt, während andere Glaubensgeschwister kaum ihre Rechnungen bezahlen können. Ebenso wenig ist es zeugnishaft, materielle Güter in den Vordergrund zu stellen, während auf dieser Welt so viele Menschen in ärmlichen sozialen Verhältnissen leben. Wäre es nicht gut, wenn wir hier wieder einmal danach fragen würden, was Gott wohl zu unserem Lebenswandel meint? Gehört zu einem zeugnishaften Lebensstil nicht auch das Verzichtenkönnen? Danken wir Gott für alles, was wir haben? Auch für das, was wir nicht unbedingt brauchen?

Fragen zur Selbstprüfung

Kann Ihre Umgebung erkennen, dass Ihr Leben in erster Linie von Gott und seinem Wort her geprägt ist?

Sind Sie in Ihrem alltäglichen Leben ein Vorbild? Können Sie mit gutem Gewissen praktische Beispiele dazu anführen?

Ist Ihre Familie durch Ihren Lebenswandel gesegnet? Erkennen Ihre Mitmenschen an Ihrem Lebensstil, was echte Nachfolge ist?

Drei Bibelstellen zum Thema als persönliche Ermutigung

"Ihr sollt einander lieben, so wie ich euch geliebt habe. An eurer Liebe füreinander wird die Welt erkennen, dass ihr meine Jünger seid" (Johannes 13,34-35).

"Vor allem sei du ihnen in jeder Hinsicht ein gutes Vorbild. Das gilt für alles, was du lehrst, aber auch für dein persönliches Leben. Was immer du sagst, soll wahr und überzeugend sein. Nur so kannst du die Gegner des Wortes Gottes entlarven. Sie werden beschämt sein und nichts Nachteiliges gegen uns vorbringen können. Sage allen, die Vorgesetzte haben, dass sie sich ihnen in jeder Beziehung unterordnen, und zwar mit innerer Bereitschaft und nicht widerstrebend. Sie sollen ehrlich und zuverlässig sein, damit ihr Beispiel die Menschen davon überzeugt, wie wahr und gut das Evangelium von Jesus Christus ist. Denn in der Person Jesu Christi ist jetzt Gottes Barmherzigkeit sichtbar geworden, mit der er alle Menschen retten will. Sie bringt uns dazu, dass wir uns von aller Gottlosigkeit, allen selbstsüchtigen Wünschen trennen, dafür aber besonnen und rechtschaffen leben, so wie es Gott gefällt. Denn wir warten darauf, dass sich bald erfüllt, was wir sehnlichst erhoffen, dass unser Herr und Erlöser Jesus Christus in seiner ganzen Herrlichkeit und Größe erscheinen wird. Er hat sein Leben für uns gegeben und uns von allem Bösen und von aller Schuld befreit. So sind wir sein Volk geworden; bereit, ihm dankbar zu dienen. Das sollst du lehren und allen nachdrücklich klarmachen. An der Ernsthaftigkeit deiner Worte darf es keinen Zweifel geben" (Titus 2,7-15).

"Gebt den Wünschen und Verlockungen dieser Welt nicht nach, die euern Glauben gefährden. Führt statt dessen einen untadeligen Lebenswandel, der sich vom Leben der Nichtglaubenden abhebt. Durch euer Verhalten sollen auch die überzeugt werden, die euch so bösartig verleumden. Wenn die Wahrheit ans Licht kommt, werden selbst sie Gott noch ehren. Denkt daran: Es entspricht dem Willen des Herrn, wenn ihr euch den staatlichen Ordnungen und Gesetzen fügt. Gehorsam schuldet ihr nicht nur der Regierung eures Landes, sondern auch seinen Beamten. Denn sie haben den Auftrag, die Gesetzesbrecher zu bestrafen und die guten Bürger zu loben. Gott will, dass ihr durch euer vorbildliches Verhalten alle überzeugt, die aus Unwissenheit oder Dummheit euch verleumden. Das könnt ihr tun, weil ihr durch Christus freie Menschen geworden seid. Keiner von euch darf aber diese Freiheit missbrauchen, um damit sein schlechtes Verhalten zu entschuldigen. Denn ihr seid frei geworden, damit ihr immer und überall Gott dient. Begegnet allen Menschen mit Achtung, und liebt eure Brüder! Fürchtet Gott, und bringt der Regierung den schuldigen Respekt entgegen" (1. Petrus 2,11b-17).

Ebenfalls empfehlenswert für das persönliche Studium:

2. Mose 19,5-6; Matthäus 5,13-16; Johannes 8,12; Epheser 5,8-11; Philipper 2,14-16a; 1. Timotheus 3,7; 4,12; Hebräer 10,24; Titus 3,1-2

Punkt 9: Offenheit für das Wirken des Heiligen Geistes

Lassen Sie sich in Ihrem Leben vom Heiligen Geist leiten? - Die Frage ist wichtiger, als viele vielleicht denken. Denn nur ein Leben, in dem der Heilige Geist wirklich zum Zuge kommt, liegt im Willen Gottes. Kurz bevor Jesus von den römischen Soldaten festgenommen und anschließend zum Tode am Kreuz verurteilt wurde, sagte er zu seinen Jüngern:

> "Wenn ihr mich liebt, werdet ihr so leben, wie ich es euch gesagt habe. Dann werde ich den Vater bitten, dass er an meiner Stelle jemanden senden soll, der euch helfen wird und euch nie verlässt. Dies ist der Geist der Wahrheit. Die Welt kann ihn nicht aufnehmen, denn sie ist blind für ihn und erkennt ihn deshalb nicht. Aber ihr kennt ihn, denn er lebt schon jetzt bei euch, und einmal wird er in euch sein" (Johannes 14,15-17).

Ob die Jünger diese Worte ihres Meisters damals schon verstehen konnten, ist eher fraglich. Denn der Heilige Geist lebte zwar in Jesus schon unter ihnen, doch hatten sie diese dritte Person der Gottheit noch nicht persönlich kennen gelernt. Noch lebten sie 'nur' in der Gegenwart ihres Herrn. Ihr Denken und Fühlen war ganz auf den für sie sichtbaren Jesus ausgerichtet. Darum sagte er weiter:

> "Nein, ich lasse euch nicht als Waisenkinder zurück. Ich komme wieder zu euch. Schon bald wird mich niemand mehr in dieser Welt sehen. Ihr aber werdet mich sehen. Und weil ich lebe, werdet auch ihr leben. Dann werdet ihr erkennen, dass ich eins bin mit meinem Vater und dass ihr in mir seid und ich in euch bin. Wer meine Gebote annimmt und danach lebt, der liebt mich. Und wer mich liebt, den wird mein Vater lieben. Auch ich werde ihn lieben und mich ihm zu erkennen geben" (Johannes 14,18-21).

Der Jünger Judas (nicht Iskariot, der ihn später verriet) verstand Jesus nicht. Darum fragte er ihn:

> "Herr, weshalb willst du dich nur uns, deinen Jüngern, zu erkennen geben, warum nicht der ganzen Welt?" (Johannes 14,22).

Jesus erklärte ihm:

> "Weil ich mich nur dem zu erkennen gebe, der mich liebt und nach meinem Wort lebt. Den wird auch mein Vater lieben, und wir beide werden zu ihm kommen und immer bei ihm bleiben. Wer mich aber nicht liebt, der richtet sich auch nicht nach dem, was ich sage. Was ich euch sage, kommt nicht von mir, sondern von meinem Vater, der mich gesandt hat. Ich sage euch dies alles, solange ich noch bei euch bin. Der Heilige Geist, den euch der Vater an meiner Stelle senden wird, er wird euch an all das erinnern, was ich euch gesagt habe, und ihr werdet es verstehen" (Johannes 14,23-26).

Wir leben heute im Zeitalter des Heiligen Geistes, den der Vater nach Jesu Himmelfahrt an Pfingsten zu uns schickte. Ohne den Heiligen Geist können wir die göttliche Wahrheit unmöglich erfassen. Mehr noch: ohne ihn erscheint alles unsinnig (1. Korinther 1,18). Wir können theologisch noch so gebildet sein - nur durch den Heiligen Geist können wir den Willen Gottes richtig verstehen und interpretieren:

> "Der Mensch kann von sich aus, mit seinen natürlichen Fähigkeiten, nicht erfassen, was Gottes Geist sagt. Für ihn ist das alles Unsinn, denn Gottes Geheimnisse erschließen sich nur durch Gottes Geist" (1. Korinther 2,14).

Obwohl die Bibel an zahlreichen Stellen sehr viel über den Heiligen Geist aussagt, gibt es wohl kaum ein Thema, über welches so viel Unwissenheit unter den Christen herrscht. Allgemein ist es so, dass man sich unter Gott als

Vater sowie unter dem Sohn Gottes bildhaft etwas vorstellen kann. Doch wer oder was ist der Heilige Geist?

Hier ist zuerst einmal festzuhalten, dass wir es bei ihm mit der dritten Person der Gottheit zu tun haben. Der Heilige Geist ist nicht etwas, sondern jemand. Er ist die erste Erscheinungsform Gottes in der Bibel (1. Mose 1,2). Der Heilige Geist hat auch ein eigenständiges Denkvermögen, einen Willen und Gefühle (Römer 8,27; Epheser 4,30; 1. Korinther 12,11); er liebt (Römer 15,30) und ist allwissend (1. Korinther 9,2-11).

Er ist eine Person, die folglich auch in körperlicher Gestalt erscheinen kann und trotzdem ohne Begrenzung und allgegenwärtig bleibt (1. Mose 1,2; Psalm 139,7-10). Der Heilige Geist ist die Stimme Gottes, unseres Vaters. Und diese ist so gewaltig, dass sie damals sogar die Vorstellungskraft der Israeliten überstieg (Hiob 37,2+4-5). Der Heilige Geist kann Menschen 'überschatten' (Lukas 1,35).

Er ist feinfühlig, denn man kann ihn ‚betrüben' und ihm sogar Leid zufügen (Jesaja 63,10), ein klares Zeichen dafür, dass es sich hier um eine wirkliche Person handelt. Denn nur eine Person kann Opfer solcher Angriffe werden. - Der Heilige Geist kann auch wie ein brennendes Feuer ausgelöscht werden (1. Thessalonicher 5, 21).

Es ist etwas Grosses, mit dem Heiligen Geist erfüllt zu sein. Denn...

> "...mit dem 'Herrn' ist der Heilige Geist gemeint. Wenn er in uns wohnt, sind wir frei von der Herrschaft des Gesetzes" (2. Korinther 3,17).

Der Heilige Geist ist auch ein Geist der Kommunikation, der uns Dinge mitteilen will (z.B. Offenbarung 2,7). Wir sollten deshalb auch auf ihn hören. Er kann sogar für das menschliche Auge sichtbar werden (z.B. im Herabschweben wie eine Taube in Matthäus 3,16). Der Heilige Geist wohnt auch in Ihnen, wenn Sie Ihr Leben ganz unter die Herrschaft Jesu gestellt haben. Doch gerade diese Tatsache hat auch Konsequenzen. Paulus ermahnte die Korinther:

> "Denkt also daran, dass ihr Gottes Bauwerk und sein Tempel seid, dass Gottes Geist in euch wohnt! Wer diesen Tempel zerstört, den wird Gott richten. Denn Gottes Tempel ist heilig, und dieser Tempel seid ihr!" (1. Korinther 3,16-17).

Angesichts so vieler biblischer Belege sollte es eigentlich keine Frage mehr sein, ob wir uns für das Wirken des Heiligen Geistes öffnen oder nicht. Und dennoch haben viele Christen gerade an diesem Punkt ihre große Mühe, was ja auch verständlich ist. Denn während der letzten zweitausend Jahre christlicher Kirchengeschichte wurde nur sehr wenig über den Heiligen Geist gelehrt. Der Wissensrückstand über die dritte Person der Gottheit ist zum Teil tragisch.

Heute jedoch leben wir in der Zeit der Zurüstung auf die baldige Wiederkunft unseres Herrn Jesus Christus. Und ohne Zweifel ist Gott durch seinen Heiligen Geist daran, die Christen beziehungsweise die weltweite Gemeinde Jesu für das große Ereignis der Hochzeit des Lammes (Offenbarung 19,7) vorzubereiten. Denn welcher Bräutigam (Christus) will schon eine Braut (seine Gemeinde) mit ‚Runzeln und Flecken', die hässlich ist (Epheser 5,27)?! Mit anderen Worten: Die Zeit ist gekommen, in der der Heilige Geist in ganz neuer und zum Teil unkonventioneller Art und Weise zu wirken beginnt. Das Besondere ist, dass dabei gewisse kirchliche Strukturen buchstäblich über den Haufen geworfen werden. Denn eines ist ganz klar: Eine von Gott geprägte Erweckung bewirkt immer auch Veränderung.

Angesichts gewisser Unsicherheiten, die das Wirken des Heiligen Geistes in unserer Zeit hervorruft, würden verschiedene Christen aus verständlichen Gründen gerne wieder mehr System und Ordnung in die ganze Sache bringen. Doch müssen wir auch hier festhalten, dass der Geist weht, wo er will (Johannes 3,8). Und was die Offenheit für Gottes Wirken betrifft, so sind

Vorschriften - auch wenn sie noch so theologisch fundiert scheinen - fehl am Platz.

Wir sollen zwar als Christen alles prüfen und das Gute behalten (1. Thessalonicher 5,21). Doch echtes Prüfen heißt nicht, wie dies einige Christen tun, alles, was mit dem vielleicht ungewohnten, überraschenden Wirken des Heiligen Geistes zusammenhängt, einfach grundsätzlich zu meiden.

Ich möchte Ihnen viel Mut machen, sich auch hier neu für Gottes Wirken, aber auch für einschneidende Veränderungen zu öffnen!

Fragen zur Selbstprüfung

Wie stark haben Sie sich schon mit der Person des Heiligen Geistes befasst? Gibt es zwischen ihm und Ihnen eine Beziehung?
Erleben Sie regelmäßig, dass der Heilige Geist Sie ermutigt, tröstet, korrigiert, ermahnt und leitet?

Schreit es in Ihrem Innersten "Abba, lieber Vater!" (Römer 8,14-16), so dass Sie vor Gott und seinem Zorn keine Angst mehr zu haben brauchen?

Darf Gott in Ihrem Leben durch den Heiligen Geist auch Außerordentliches wirken? Oder sind Sie theologisch auf Ihren 'Gleisen' festgefahren?

Drei Bibelstellen zum Thema als persönliche Ermutigung

"Und ich werde euch ein neues Herz geben und einen neuen Geist in euer Inneres legen; ich werde das steinerne Herz aus eurem Leibe herausnehmen und euch ein fleischernes Herz geben. Meinen Geist werde ich in euer

Inneres legen und machen, dass ihr in meinen Satzungen wandelt und meine Gesetze treulich erfüllt" (Hesekiel 36,27-27).

"Bittet Gott, und er wird euch geben. Sucht, und ihr werdet finden. Klopft an, dann wird euch die Tür geöffnet. Denn wer bittet, der wird bekommen. Wer sucht, der findet. Und wer anklopft, dem wird geöffnet. Welcher Vater würde seinem Sohn denn eine Schlange geben, wenn der ihn um einen Fisch bittet, oder einen Skorpion, wenn er ein Ei haben möchte? Wenn schon ihr hartherzigen, sündigen Menschen euren Kindern Gutes gebt, dann wird doch der Vater im Himmel erst recht denen seinen Heiligen Geist geben, die ihn darum bitten" (Lukas 11,9-13).

"Alle, die sich vom Geist Gottes regieren lassen, sind Kinder Gottes" (Römer 8,14).

Ebenfalls empfehlenswert für das persönliche Studium:

Joel 3,1; Sacharja 4,6; 12,10; Lukas 12,49; Johannes 15,26; 16,8; Apostelgeschichte 1,8; 2; Römer 8,9.11; 1. Korinther 2,10-11; 6,19; 12,3; 2. Korinther 3,6; Galater 5,22; 2. Timotheus 1,7; 2. Petrus 1,21; 1. Johannes 2,27

Punkt 10: Die Frage nach der Heilsgewissheit

Sind Sie wirklich sicher, dass Sie ein Gotteskind sind? – Diese Frage klingt zwar für viele Zeitgenossen überheblich, aber echte Christen wissen ganz sicher, dass sie durch ihren Glauben ewiges Leben bekommen haben. Sie sprechen mit voller Überzeugung von einer Heilsgewissheit, die Jesus Christus ihnen geschenkt hat.

Dennoch habe ich schon öfter die Feststellung gemacht, dass besonders gewisse kirchlich gesinnte Leute unruhig werden, wenn man mit ihnen über dieses Thema spricht. Viele sagen, es sei eine Anmaßung zu behaupten, dass man sich des ewigen Heils ganz sicher sein kann. Auf die Frage: "Weißt du, ob du nach dem Tod in den Himmel kommst?" reagieren denn auch etliche mit einem "Ich hoffe es". Doch wer eine echte (biblische!) Bekehrung erlebt hat, kann und darf mit Überzeugung sagen: "Ich bin mir ganz sicher!" Ein bekehrter und wiedergeborener Mensch ist in jedem Falle ein Kind Gottes und darf als solches auch die ihm verheißene Heilsgewissheit in Anspruch nehmen. Dies hat nichts mit Überheblichkeit oder mit Besserwisserei zu tun. Paulus sagt uns klar und deutlich, wer ein Kind Gottes ist und wer nicht:

> "Alle, die sich vom Geist regieren lassen, sind Kinder Gottes" (Römer 8,14).

Lassen Sie sich wirklich vom Geist Gottes regieren? Ist er es, der auch Sie in alle Wahrheit führt? (siehe Johannes 16,13). Und ist er derjenige, der sich in Ihrem Leben bestimmend auswirkt?

Wenn Ihr Herz über diesen Fragen unruhig geworden ist, sollten Sie dies als ein Zeichen Gottes nehmen und sich ernsthaft Gedanken über Ihre Beziehung zu Jesus Christus machen.

Wenn Sie aber diese Heilsgewissheit schon haben, kennen Sie bestimmt auch das überwältigende Geschenk, das Gott für jeden echten gläubigen Christen bereithält: eine unaussprechlich große Freude!

Schon im Alten Testament lesen wir:

> "Die Freude am Herrn ist eure Stärke" (Nehemia 8,10, nach Luther).

Die echte Heilsgewissheit gründet auf dem Wissen, dass wir "früher verloren" waren, "jetzt jedoch zurückgefunden" haben in die Gemeinschaft mit dem himmlischen Vater (siehe Lukas 15,24) und dass alle Sünden vergeben sind. Für einen Christen, der sich seines ewigen Heils gewiss ist, gilt darum das, was Paulus an die Philipper schrieb:

> "Freuet euch, dass ihr zu Jesus Christus gehört. Und noch einmal will ich es sagen: Freut euch!" (Philipper 4,4).

Diese Aufforderung zur Freude kommt in der Bibel an zahlreichen Stellen vor. Wenn wir unser Leben ganz unter die Herrschaft Gottes stellen, haben wir auch allen Grund dazu.

Fragen zur Selbstprüfung

Wissen Sie ganz sicher, dass Sie Gottes Kind sind?

Was fühlen und empfinden Sie beim Gedanken an das Gericht Gottes, in dem jeder Mensch einmal Rechenschaft über sein Leben ablegen muss? Angst, Furcht und Ungewissheit? Oder blicken Sie diesem Gericht zuversichtlich entgegen, weil Sie wissen dürfen, dass Jesus Christus Sie bei dieser göttlichen 'Gerichtsverhandlung' in allen Punkten freisprechen wird?

Drei Bibelstellen zum Thema als persönliche Ermutigung

"Gottes Geist selbst gibt uns die innere Gewissheit, dass wir Gottes Kinder sind" (Römer 8,16).

"Ich schäme mich nicht und verliere nicht den Mut. Denn ich weiß genau, an wen ich glaube, und ich bin ganz sicher, dass Gott mich und all das, was er mir anvertraut hat, bis zum Tag seines Kommens bewahren wird" (2. Timotheus 1,12).

"Meine Kinder, lasst euch durch nichts von Christus trennen. Dann werden wir ihm voll Zuversicht entgegengehen und brauchen sein Urteil nicht zu fürchten, wenn er wiederkommt. Ihr wisst, dass Christus gerecht ist. Also können wir davon ausgehen, dass jeder, der nach Gottes Geboten lebt, zu seinen Kindern gehört" (1. Johannes 2,28-29).

Ebenfalls empfehlenswert für das persönliche Studium:

Hiob 19,5; Johannes 8,31-36; 14,15-21; 15,7.14; Römer 8,38-39; Philipper 3,1; 1. Thessalonicher 5,16; Jakobus 1,25; 1. Petrus 1,18; Hebräer 10,34; 11,1; 1. Johannes 3,14; 5,9-17

Leben als Christ

Wie viele Menschen haben Sie schon um Orientierungshilfe gebeten? Wichtige Entscheidungen stehen an; sie haben versucht herauszufinden, was Gott von ihnen erwartet, haben aber keine schlüssige Antwort bekommen.

Wie entscheiden wir über solche Dinge wie Berufswahl, Ehe oder Familie, solange wir Gottes Willen in dieser Sache nicht kennen? Welche Beziehungen sollen und dürfen wir eingehen und welche nicht? Wo sollen wir arbeiten oder welche Aufgaben sind zu übernehmen? Kaufen wir eine Wohnung oder ein Haus? Ziehen wir in ein Altersheim oder lieber in eine Alterswohnung?

Manchmal frage ich mich, ob nicht der Teufel selbst diese Verwirrung über Gottes Willen angezettelt hat. Er hätte sich keine bessere Methode ausdenken können, um uns zu lähmen! Solange wir keine Klarheit haben, was Christus von uns will, können wir auch keine Entscheidungen treffen. Dann hadern wir vielleicht mit Gott, weil wir uns vorstellen, er throne irgendwo da oben im Kosmos und wolle uns fast schadenfreudig seinen vollkommenen Plan für uns vorenthalten.

Zum Glück ist unser Gott nicht so. Wir können seinen Willen erfahren. Unser Vater im Himmel lässt seine Kinder nicht im Stich. Der Apostel Paulus sagt in Römer 12,1 und 2, wie das geht:

> „Ich ermahne euch nun, liebe Brüder, bei der Barmherzigkeit Gottes, dass ihr eure Leiber hingebt als ein Opfer, das lebendig, heilig und Gott wohlgefällig ist. Das sei für euch der wahre Gottesdienst. Und stellt euch nicht der Welt gleich, sondern ändert euch durch Erneuerung eures Sinnes", - und jetzt kommt es: „damit ihr prüfen könnt, was Gottes Wille ist, nämlich das Gute und Wohlgefällige und Vollkommene."

In diesen beiden Versen erklärt Paulus es uns wie mit einer Formel. Ich erfahre Gottes Willen für mein Leben, wenn ich:

1. Gott „meinen Leib als lebendiges Opfer hingebe". Das heißt, wenn ich mich also auch körperlich von ihm leiten lasse.

2. Wenn ich Gott meinen Willen gebe, indem ich ihm die Herrschaft über mein Leben überlasse und

3. Gott meinen Sinn – also meine Gedanken, Träume und Absichten – gebe. Das bedeutet: Mein Sinnen, Trachten und Denken werden und bleiben rein, d.h. mit Gottes Wort erfüllt.

Haltet euch daran, sagt Paulus in Römer 12,1-2, und ihr lernt Gottes guten, wohlgesinnten, vollkommenen Willen kennen.

Dieser Gedankengang ist so wichtig, dass wir ihm jetzt tiefer nachgehen wollen - in der Hoffnung natürlich, dass es uns hilft, als Christen zu leben. Denn was ist schließlich wichtiger, als Gottes Willen zu kennen? Im 1. Johannesbrief 2,17 lesen wir unmissverständlich:

> „Die Welt vergeht mit ihrer Lust; wer aber den Willen Gottes tut, der bleibt in Ewigkeit."

1. Unser Leib als lebendiges Opfer

Um Gottes Willen zu erfahren, müssen wir ihm in einem ersten Schritt „unseren Leib als lebendiges Opfer" hingeben. Aber was heisst das konkret? Stellen wir uns folgendes Gespräch vor: Da kommt ein Mann vom Gottesdienst nach Hause und sagt: „Ich habe mich bekehrt, ich habe mein Leben Gott übergeben." „Das ist ja schön. Aber was hast du ihm denn da übergeben?" „Mein Leben." „Aber was ist das, dein Leben?" „Mein Leben

eben."

Nun ist das aber so: „Leben" ist ein schöner, allgemeiner Begriff. Eigentlich zu allgemein. Was verändert sich, wenn man sein Leben Gott gibt? Was bedeutet das ganz praktisch? Gehen wir der Sache auf den Grund!

Unser Leben ist in eine Hülle verpackt, die wir sehr gut kennen: unseren Körper. Solange wir in allgemeinen Begriffen reden – zum Beispiel mit den Worten „Leben" oder „Liebe" -, können wir leicht übersehen, dass all das, was wir Tag für Tag mit unserem Körper tun, Gott nicht gefallen könnte. Es passt vielleicht überhaupt nicht zu jemandem, der sein „Leben" Gott gegeben hat. Es passt nicht zu einem Leben als Christ.

Der Apostel Paulus hat solche Missverständnisse gar nicht erst aufkommen lassen. In seinem Brief an die Christen in Rom brachte er die Sache auf den Punkt:

> „Ich ermahne euch nun, liebe Brüder... (die Schwestern sind selbstverständlich miteinbezogen), dass ihr eure Leiber Gott hingebt."

Den Körper also. Vielleicht kennen Sie noch das alte Sonntagschullied: „Pass auf, kleines Auge, was du siehst? Pass auf, kleine Hand, was du tust..."?

Abgesehen davon, dass es da und dort auch Schaden angerichtet hat, weil es das Gefühl vermittelt, Gott sitze im Himmel und lauert auf jeden unserer Fehler, kommt hier ganz gut zum Ausdruck, was es heißt, den Körper Gott hinzugeben. Aber was soll's? Mit etwa 12 oder 13 Jahren hören viele sowieso auf zu singen. Sie fühlen sich zu „cool" dazu. Lieber spielen sie mit abstrakten Begriffen wie „Liebe", „Freundschaft" oder „Lebensübergabe" an Gott, weil sie dann nicht mehr überlegen müssen, was ihre Hände tun, was die Augen sehen und die Ohren hören und wohin ihre Füße gehen.

Ich denke, wir alle wollen wirklich Erfahrungen machen, die unser Leben positiv verändern. Vielleicht hilft uns dieses Kinderlied: „Pass auf, kleine

Hand, was du tust. Pass auf, kleines Auge, was du siehst. Denn der Vater in dem Himmel schaut herab auf dich, pass auf, kleines Auge, was du siehst."

Singen wir lieber nicht zu laut, sonst könnten wir uns verdächtig machen. Wenn wir aber etwas leiser vor uns her singen, wird uns etwas klar, was schon immer wahr gewesen ist: Gott weiß in jedem Augenblick, was wir mit unseren Augen, Händen, Füssen und allen anderen Körperteilen tun – nicht, damit wir uns schuldig fühlen, sondern weil er alle diese Körperteile gebrauchen will, damit unser Leben und das unserer Mitmenschen positiv verändert wird. Wie möchten wir ab heute unseren Körper ganz neu dazu einsetzen? In Römer 6,13 lesen wir:

> „Gebt nicht der Sünde eure Glieder hin als Waffen der Ungerechtigkeit, sondern gebt euch selbst Gott hin, als solche, die tot waren und nun lebendig sind, und eure Glieder Gott als Waffen der Gerechtigkeit."

Nun nennt Paulus in unserem Bibeltext als ersten Schritt, Gottes Willen zu erkennen:

> „...dass ihr eure Leiber hingebt als ein Opfer, das lebendig, heilig und Gott wohlgefällig ist."

Das macht irgendwie keinen Sinn: „Lebendiges Opfer". Das tönt wie „schön hässlich", oder „du lieber Schreck". Wörter, die eigentlich nicht zusammen passen. Denken wir einmal nach: Es gab in Israel nicht viele Schafe, die vom Opferfest wieder zurückgekommen sind. Wie hätte so eins sich wohl geäußert? „Ich war letzten Sabbat beim Opferfest. Die haben mich ausgesucht. Gut, ich fühle mich ein bisschen ausgebrannt, aber davon abgesehen geht es mir wieder recht gut."

Wenn Paulus hier in Römer 12,2 auffordert, Gott unseren Leib als „lebendiges Opfer" darzubringen, meint er genau das: Gott will kein totes Opfer. Tote Opfer machen ihm keine Freude mehr, weil er schon seinen

Sohn sandte, der für all unsere Sünden mit seinem Leben bezahlt hat. Er möchte unseren lebendigen Leib, der wirklich ihm geweiht ist. Nur ein lebendiges Opfer zählt.

Lebendige Opfer sind ein Risiko, denn wenn sie keine Lust dazu haben, können sie wieder vom Altar heruntersteigen. Gott bindet die Menschen nicht fest. Er befiehlt nicht: „Das ist jetzt deine Aufgabe, und du bleibst hier!"

Ein lebendiges Opfer beschließt in eigener Sache und aus dem eigenen Herzen heraus, dem Herrn geweiht zu bleiben. Mit jedem Teil seines Wesens gehört es zu Gott, weil es das will. Oder es beschließt wegzulaufen. Weil es ein lebendiges Opfer ist, trifft es selbst die Entscheidung. Und wenn sich dem lebendigen Opfer die Chance zu sündigen bietet, sagt es nicht: „Kann ich nicht – das verbietet mir meine Religion." Nein, sondern es sagt: „So will ich nicht (mehr) leben. Und zwar deshalb nicht, weil ich zu Gott gehöre und von ihm geliebt bin und ich ihn liebe."

So fangen wir an, Gottes Willen kennen zu lernen. Wenn wir wirklich lebendige Opfer sind, dann stimmt unser eigener Wille mehr und mehr mit Gottes Willen überein. Gottes Wille ist mehr als ein übernommener Gesetzesglaube, mehr als aufgezwungene Anweisungen. Gottes Wille ist nicht etwa eine schlechte Straßenkarte des Lebens, über die wir bei jeder Kurve reklamieren müssten. Wenn wir lebendige Opfer sind, dann sind die Entscheidungen, die Gott von uns möchte, unsere eigenen Entscheidungen. Wir haben eigene Gründe dafür. Sie entstehen aus unserem freien Willen. So ist das mit lebendigen Opfern. Dabei ist es allerdings wichtig zu betonen, dass unser Wille nur in dem Sinn frei ist und frei sein kann, weil Gottes Gnade vorausgeht. Seine vorlaufende Gnade macht es möglich, dass wir uns entscheiden können. Die Frage ist nun: Sind wir schon so weit? Ich denke, die nächsten Schritte werden uns Hilfe bringen.

2. Keine Anpassung an die Welt

Wir lesen in Römer 12,2:

> „Und stellt euch nicht dieser Welt gleich."

Mit anderen Worten: Lasst euch nicht von der Welt in ihre Form zwängen. Darum geht es nun beim zweiten Schritt: Ich soll erfahren, was Gottes Wille ist und wie ich als Christ leben soll. Sinn und Ziel meines Lebens soll die Nachfolge Jesu sein. Ich will lieber seinen Weg gehen als meinen eigenen und ihm auf diesem Weg immer ähnlicher werden.

Mein Ziel ist weder die Unterhaltungskunst, noch will ich ein möglichst guter und bekannter Pastor sein. Mein Ziel besteht einzig darin, dem lebendigen Gott da zu dienen, wo er mich hinstellt und brauchen will. Als Christ leben bedeutet jetzt für mich, Jesus Christus nachzufolgen, und diese neue Zielsetzung soll von nun an Tag für Tag mein Leben zeugnishaft prägen. Es soll sich täglich als das von Gott geschenkte neue Leben ausweisen. Jemandem, der sich „der Welt gleichstellt", der viel Geld verdient, Karriere macht, sich ohne Rücksicht auf andere durchboxt, werden diese neuen Prioritäten recht dumm vorkommen. Sicher darf ich nicht damit rechnen, dass mir viel Verständnis dafür entgegengebracht wird. Das ist mir aber nicht mehr wichtig, weil ich aufgehört habe, Leute beeindrucken zu wollen. Auch Gott muss ich nichts vormachen. Die Frage, was meine Freunde und andere Mitmenschen wohl davon halten, darf mich nicht mehr umtreiben. Solche Gedanken sollten keinen Raum mehr haben.

Immer wieder lerne ich Menschen kennen, die sich aus Angst vor der Reaktion ihrer Eltern, Geschwister oder Freunden nie ganz für ein Leben als Christ entschieden haben. Leider begegne ich auch immer wieder Leuten, die Jesus Christus zwar als ihren persönlichen Erlöser bezeugen, aber so weiterleben, als gäbe es ihn überhaupt nicht. All diesen Menschen ruft Paulus nicht hinterher: „Ihr ärgerlichen Angsthasen – warum seid ihr bloß solche Weichlinge?“

Paulus sagt ganz einfach: „Lasst euch nicht von der Welt in ihre Form zwängen. Macht es zu eurem Ziel, Jesus nachzufolgen, und lasst euch nicht beirren.“

Zu diesem zweiten Schritt, der uns helfen soll, Gottes Willen für unser Leben zu erfahren, gehört also auch, dass wir unsere Ziele neu definieren. D.h. wir dürfen uns nicht mehr dem Druck unserer Mitmenschen oder der Umstände beugen, sondern vielmehr alles daran setzen, Jesus und seinem Willen nachzufolgen.

3. Erneuerung unseres Sinnes

Als dritten Schritt empfiehlt Paulus uns in Römer 12,2:

> „Ändert euch durch Erneuerung eures Sinnes.“

Zuerst stellen wir also Gott unseren Körper ganz zur Verfügung; dann legen wir unser neues Ziel fest: die bedingungslose Nachfolge Jesu. Im dritten Schritt geht es um die Reinigung unserer Sinne und Gedanken.

Und das, sagt Paulus, ist ein so radikaler Schritt, dass dies uns buchstäblich verwandelt. Wie kommen wir mit diesem radikalen Schritt zurecht? Die Antwort steht im 1. Psalm, in den Versen 1 und 2:

> „Wohl dem, der nicht wandelt im Rat der Gottlosen, noch tritt auf den Weg der Sünder, noch sitzt, wo die Spötter sitzen, sondern hat Lust am Gesetz des Herrn und sinnt über seinem Gesetz Tag und Nacht.“

Mit anderen Worten: Wir reinigen unser Gedanken, indem wir das meiden, was sie verunreinigen könnte, und über das nachdenken, was sie reinigen hilft. Wir sind für die Reinheit unseres Denkens verantwortlich. Wir müssen uns schützen vor allem, was unsere Gedanken, unseren Verstand zu verschmutzen droht. Wenn das, was wir sehen und hören, aus Gottes Sicht nicht empfehlenswert ist, müssen wir aufstehen und auf den „Aus-Schalter" drücken. Ich denke, jeder von uns weiß, wo dies für ihn zutreffen könnte. Wobei wir auch dann den „Aus-Schalter" betätigen sollten, wenn sonst niemand da ist, der uns sieht. Etwas schwieriger wird es, wenn unsere Freunde Müll konsumieren und darüber reden. Denn dazu müssen wir ganz kategorisch nein sagen und uns davon distanzieren. Wir sollten aufstehen und weggehen oder den Mut haben, einen anderen Sender im Fernseher oder am Radio einzustellen, oder im Internet bestimmte Webseiten nie mehr öffnen.

Nun ist es mir wichtig zu betonen, dass es mir nicht darum geht, Ihnen eine Predigt gegen Gewalt und Sex im Fernsehen oder über Kinofilme und Rockmusik zu halten. Wir wissen alle, dass nicht alles automatisch schlecht ist. Aber sicher steht manches davon in direktem Widerspruch zu dem, was Gott liebt. Die Bibel gibt uns klare Antworten, so dass wir keinen Prediger brauchen, der uns einen Moralkodex diktieren müsste.

Natürlich ist es nicht einfach, so zu leben. Manchmal ist es wirklich nicht leicht, als Christ zu leben. Vergessen wir aber nicht, dass in Psalm 1 auch steht, was uns erwartet, wenn wir unseren Verstand reinigen, eine Art Wache oder Mauer davor aufstellen und über Gottes Wort nachdenken. Es heißt:

> „Was er macht, gerät ihm wohl."

Zum Reinigen des Verstandes gehört auch, dass wir uns dem positiven Einfluss des Wortes Gottes aussetzen. Jahr für Jahr wächst mein Respekt und meine Liebe zur Bibel. Denn sie sagt uns, wer Gott ist und wie wir unser Leben vor seinen Augen leben sollen und können. Mit der Bibel und mit der Auslegung der Bibel reinigt Gott meinen Verstand.

Es hat bei mir etwas lange gedauert, bis mir das wirklich klar wurde, aber heute darf ich froh und begeistert bekennen: Dieses Buch wirkt! Und ich will auch, dass es wirkt, ich will nicht irgendein Prediger sein. Was wir brauchen, das sind aber nicht nur Prediger, sondern Männer und Frauen, Berufsleute und Sportler, Hausfrauen und Schüler, die sich ganz und gar Jesus Christus verschrieben haben. Schon ein einziger Mensch, der sich Gott ganz hingibt, kann etwas verändern. Überlegen wir einmal, was passiert, wenn nur schon zehn, zwanzig, fünfzig Menschen für Jesus aufstehen!

Es wird rein gar nichts passieren – bis diese Männer, Frauen und vor allem auch Jugendliche sich entschlossen an die Reinigung ihres Verstandes machen, damit aus ihnen Menschen nach Gottes Gedanken werden, die dann wirklich auch als Christen leben.

Gebt euren Leib, euren Körper, Jesus hin als lebendiges Opfer, passt euch nicht dieser Welt an und ändert euch durch Erneuerung eures Sinnes, - das sind die drei Schritte, die uns Gottes Willen für unser Leben offenbaren, Schritte, die für ein echtes Christenleben unabdingbar sind.

Fragen zur Selbstprüfung

Ist jeder Teil meines Körpers Gott geweiht? Wie kann ich Augen, Ohren, Hände usw. zur Ehre Gottes einsetzen?

Gibt es in meinem Leben Dinge, in denen ich mich dem Druck der Umwelt beuge, anstatt mich Gottes Plan und Ziel für mein Leben unterzuordnen?

Was und wie viel lasse ich täglich in meinen Verstand eindringen? Was bringt uns dabei weiter im Sinne Jesu?

Drei Bibelstellen zum Thema als persönliche Ermutigung

Die Welt aber mit ihren Verführungen und Verlockungen wird vergehen. Nur wer den Willen Gottes tut, wird bleiben und ewig leben" (1. Johannes 2,17).

Denkt also daran, daß ihr Gottes Bauwerk und sein Tempel seid, daß Gottes Geist in euch wohnt! Wer diesen Tempel zerstört, den wird Gott richten. Denn Gottes Tempel ist heilig, und dieser Tempel seid ihr!" (1. Korinther 3,16-17).

Weil ihr Gottes Kinder seid, gehorcht ihm und lebt nicht mehr wie früher, als ihr euren Leidenschaften hilflos ausgeliefert wart und Gott noch nicht kanntet. Jetzt sollt ihr leben wie Christus, der euch als seine Jünger berufen hat: Vorbildlich, ja heilig soll euer ganzes Leben sein" (1. Petrus 1,14-15).

Ebenfalls empfehlenswert für das persönliche Studium:

Epheser 4,17-32; Eph. 5,10-17; Psalm 119,9-11; Philipper 2,13; Römer 12,3; Römer 12,9-21

Gebet

Danke, Jesus, dass du unser Leben positiv erneuern und verändern willst. Du hast dein ganzes Leben dafür drangegeben und eingesetzt. Hilf uns, unseren Platz zu finden in dem neuen Leben, das du durch deinen Tod und deine Auferstehung möglich gemacht hast. Lass es neu unser Ziel sein, dir nachzufolgen. Darum zeig uns, wie weit unsere Taten und Entscheidungen mit deinem Willen übereinstimmen. Lass uns erkennen, wo wir uns eher dem Druck und den Einflüssen unserer Umwelt beugen – auch der frommen Umwelt! – , als uns nach deinen Zielen zu richten.

Jesus, hilf uns, solche Verhaltensweisen zu ändern. Decke auf, was wir im Lauf der Zeit uns zugemutet haben, wo wir uns nicht nach deinen Maßstäben gerichtet haben. Vergib uns die eigenmächtigen Wege, die uns im Glauben kein bisschen weitergebracht oder sogar zurückgeworfen haben.

Hilf uns deshalb, unseren Verstand zu schützen. Hilf uns, freiwillig Schranken zu setzen, wo wir diese nötig haben, und dass wir umsetzen, was wir von deinem Wort hören und lesen, so dass wir durch Lebendigkeit auffallen, weil wir mit dir ein neues Leben führen.

Lass uns nicht abirren von deinen Geboten. Behalte dein Wort in unseren Herzen, damit wir nicht gegen dich sündigen und uns nicht schaden, sondern mit Freude und Frieden erfüllt werden.

Amen.

Die geistlichen Beziehungen eines Christen

Ein Christ braucht Gemeinschaft – das ist ein Satz, den Sie wahrscheinlich nicht erst beim Lesen von Punkt 2 (Seite 11) zum ersten Mal hörten. Auch das Zitat von Niklaus Ludwig Graf von Zinzendorf haben vermutlich viele schon einmal gehört:

> „Ich konstatiere kein Christsein ohne Gemeinschaft." (10)

Aber welcher Art sollte diese Gemeinschaft sein? Wie könnte sie aussehen? Was für einen Sinn und welche Aufgaben hat sie? Für die meisten heißt Gemeinschaft vermutlich die Teilnahme an einem Hauskreis und die Zugehörigkeit zu einer Gemeinde. Anderen ist aber gar nicht einsichtig, warum Gemeinschaft so wichtig ist. Sie meinen, ohne sie leben zu können, sogar ohne regelmäßigen Gottesdienst- und Hauskreisbesuch.

Warum also braucht ein Christ Gemeinschaft? Ich denke zuerst einmal ganz menschlich: um nicht alleine zu sein. „Allein geht man ein!", hat mir jemand treffend gesagt. Es geht darum, Menschen zu haben, zu denen wir gehören, von denen wir Zuwendung erfahren, auf die wir uns verlassen können, die uns ein Stück Heimat und Geborgenheit geben. Darüber hinaus sagt uns die Bibel, dass mein Christsein durch eine Gemeinschaft mehr Chancen hat, lebendig zu bleiben. Sie hilft mir, in meinem geistlichen Leben und in meiner Persönlichkeitsentwicklung nicht zu stagnieren, sondern weiter zu wachsen und meine Lebensmöglichkeiten zu entfalten.

Im folgenden möchte ich drei Arten von Gemeinschaft, die wir Christen zur Glaubensstärkung sicher brauchen, näher beschreiben:

1. Von anderen Menschen leben
2. Mit anderen Menschen leben und

3. Für andere Menschen leben

1. Von anderen Menschen leben

Vielleicht kommt hier schon der erste Einwand: Ich lebe doch von Gott – von seinen Gaben, von seiner Hilfe, von seiner Kraft – und nicht von Menschen. Das ist richtig. Aber Gott hat es nun einmal so eingerichtet, dass er andere Menschen dazu braucht. Um mich zu stärken, mir zu helfen, mich weiterzubringen, braucht er vielfach andere Menschen. Und darum ist es gut, wenn ich als Christ einen Menschen habe, zu dem ich kommen kann – einen Berater oder eine Beraterin, einen Seelsorger, eine Seelsorgerin, einen älteren Freund oder Freundin, egal, wie wir ihn oder sie nennen wollen. Es hat sich unter vielen Christen eingebürgert, diese Person Seelsorger oder Seelsorgerin zu nennen, darum bleibe ich bei dieser Bezeichnung. Dabei kommt es nicht darauf an, ob diese Person Pfarrer ist oder nicht.

Auch als Christ stehe ich immer wieder vor Schwierigkeiten und Problemen. Manchmal sind es auch Nöte, mit denen ich nicht allein fertig werde. Ich muss Entscheidungen treffen und weiß nicht, was richtig ist. Ich trete in meinem Leben auf der Stelle und bin ratlos. Da ist es doch gut, wenn ich die Sache mit jemandem besprechen kann, der erfahrener ist als ich oder der als Außenstehender alles klarer und objektiver beurteilen kann als ich in meiner momentanen Befangenheit und Ratlosigkeit. Er kann mir weiterhelfen, indem er gezielt Fragen stellt.

Ein einfaches Beispiel dafür: Eine Frau, Mitte dreißig, bittet um ein Gespräch, weil sie vor einer wichtigen Entscheidung steht. Sie soll auf einer bestimmten Liste für die Kommunalwahl kandidieren und weiß nicht, wie sie auf die Anfrage reagieren soll. Ich frage sie als erstes, ob ihr so etwas überhaupt Spaß machen würde und was ihre Familie, z.B. ihr Ehemann dazu sagt. Stimmt sie mit den Zielen dieser Gruppe überein, auch dann, wenn Gewissensentscheide anstehen usw. Ich kann ihr raten, mit jemandem zu sprechen, der auf diesem Gebiet mehr Erfahrung hat als ich und ihr aufzeigen kann, was auf sie zukommen könnte. So möchte ich ihr helfen, zu einer guten Entscheidung zu kommen.

Doch ist ein Seelsorger nicht nur für aktuelle Probleme da. Zu seinen Aufgaben gehört sicher auch, mich nach meinem geistlichen Leben zu fragen, z.B. nach meiner Beziehung zu Jesus. Er wird mit mir die nächsten Schritte überdenken, mit mir überlegen, wo ich weitere Erfahrungen im Glauben machen sollte oder welche Aufgaben für mich dran sind. Er tut mir sicher auch einen sehr wichtigen Dienst, wenn er mich nicht nur tröstet und ermutigt, sondern, wo es nötig ist, mir auch unbequeme Fragen zu stellen wagt, mich korrigiert und ermahnt. Mit dem Seelsorger kann ich Glaubensfragen besprechen, Fragen zur Bibel klären oder ihm auch meine Zweifel sagen. Er wird mir so in manchem zurecht helfen - und vor allem: Er kann mit mir beten!

Zur Seelsorge kann auch die Beichte gehören. „Beichte“ hat für uns oft einen negativen Beigeschmack. Viele assoziieren das Wort „Beichte“ sofort mit „katholisch“, „Tradition“ und „Mittelalter“, was ich sehr schade finde. Denn wer Beichte einmal praktiziert hat, weiß, wie befreiend und frohmachend es sein kann, einmal einem Menschen alles Belastende zu sagen, auch Sünde zu bekennen, mit der man immer wieder zu kämpfen hat und mit der man nicht allein fertig wird. Wie gut, wenn man sich dann die Vergebung Jesu zusprechen lassen kann! Das ist eine ganz nüchterne und normale Angelegenheit.

Was ein Seelsorger meines Erachtens in der Regel nicht sein soll: jemand, der mir immer sagt, was ich zu tun habe. Er soll hinterfragen, Problemlösungen finden helfen, mit mir überlegen, was Gott wohl in einer bestimmten Angelegenheit haben möchte, Orientierungshilfe geben. Aber was ich letztlich tue, muss ich vor mir und vor Gott selbst verantworten. Auch denke ich, dass Seelsorge in verschiedenen Lebensaltern unterschiedlich aussehen kann. So wird ein junger Christ, der am Anfang seines Glaubenslebens steht, mehr Begleitung brauchen als ein reifer Christ.

Von anderen Menschen leben! Dazu gehören auch die Impulse, die ich auf Tagungen, Konferenzen, Einkehrtagen u.ä. bekomme. Dort wird mein Horizont erweitert, mein Glaube vertieft. Ich werde von erfahrenen Christen für das Leben und die Aufgaben im Alltag zugerüstet. Auch die Lektüre guter Bücher, die gezielt auf Glaubensfragen eingehen, gehört dazu.

2. Mit anderen Menschen leben

Neben dem Seelsorger, der in der Regel älter und erfahrener sein sollte als ich, brauche ich Menschen, die mit mir auf dem Weg sind. Ich brauche eine Gruppe, einen Kreis, wo ich meine geistliche Heimat habe, wo ich getragen werde, wo ich die anderen mittrage und wo wir uns gegenseitig fördern und zusammen weiterwachsen. Natürlich gehören zu einer solchen Gruppe bestimmte Voraussetzungen:

Sie muss zuerst einmal überschaubar sein, das heißt, es sollten nicht mehr als 12 Leute in dieser Gruppe sein (es können durchaus weniger sein). Man könnte sie auch als eine Art kleine „Gottesfamilie" bezeichnen. Jesus deutet dies in Matthäus 12,50 an:

> „Denn jeder, der meinem Vater im Himmel gehorcht, der ist mein Bruder, meine Schwester und meine Mutter".

Zu einer Familie gehört man fest und verbindlich dazu. Man sagt, wenn man einmal nicht kommen kann. Ein wichtiges Merkmal ist, dass man füreinander Verantwortung übernommen hat. Wenn einer unentschuldigt fehlt, werden sich die andern nach ihm erkundigen, nachfragen, ob er ev. krank ist oder sonst Hilfe braucht.

Um das gemeinsame Wachstum zu fördern und den Glauben zu vertiefen, liest man in dieser „Gottesfamilie" die Bibel, tauscht sich darüber aus und betet miteinander und füreinander. Gut ist es auch, bestimmte Themen zu besprechen, die zu den Grundlagen des Glaubens gehören, wie zum Beispiel: Mein Gottesbild, Heiliger Geist, Vergebung und Versöhnung, Umgang mit dem Geld, usw. Doch am meisten Wachstum geschieht da, wo ich mit meiner ganzen Person beteiligt bin. So gehört für mich zu einer solchen Gruppe unbedingt das offene, persönliche Gespräch, in dem ich ganz ehrlich mitteilen kann, wie es mir geht, was mich gerade beschäftigt, welche Sorge ich habe oder was mich besonders gefreut hat. Dazu gehört auch, dass die anderen mich hinterfragen oder mir ein Feedback geben dürfen – in plus und minus. Das heißt, ich lasse Kritik zu. Selber merke ich nicht alles. Wie kann ich ohne konstruktive Kritik meine Schwächen, durch die ich andere immer wieder verletze, erkennen? Wie kann ich sonst an meinem Charakter arbeiten, damit die Früchte des Geistes, wie Liebe, Geduld, Treue usw. bei mir wachsen? Andererseits sollen wir uns aber auch gegenseitig ermutigen, wo wir Ermutigung brauchen.

In den meisten Gemeinden wird viel gelehrt, aber kaum jemand kümmert sich um die Umsetzung der Lehre. Aber Lehre – und wenn sie noch so biblisch ist! – ist wertlos, wenn sie sich nicht in der Praxis bewährt. Gerade da hat eine solche Gruppe ein unschätzbares Potential. Da kann man das Gehörte noch einmal besprechen, miteinander überlegen, wie man es im Alltag umsetzt, einander Mut zu konkreten Schritten machen. Beim nächsten Treffen wird man sich darüber austauschen. Was ist gelungen? Was nicht? Welche Hilfe braucht man?

In der Gruppe dürfen wir einander erzählen, was wir in den vergangenen Tagen mit Jesus erlebt haben. Wir bekennen Sünde und Versagen und erkennen so, wo wir Vergebung nötig haben.

Zu diesem „Familienleben" gehört aber nicht nur der regelmäßige Hauskreisbesuch oder der Bibelabend (oder Bibelnachmittag), sondern auch die Zeit, die man darüber hinaus miteinander verbringt: Gemeinsame Wochenende mit Wandern, Sport, Spiel etc. oder auch das Feiern von Festen sind ein wesentlicher Bestandteil der Gemeinschaft.

Genau so wichtig ist die gegenseitige Hilfe in Alltagsdingen: Hilfe in Krankheitstagen, Unterstützung bei den Schulaufgaben, im Haushalt, beim Kinderhüten, Abhilfe bei Computerproblemen usw.

Eine solche „göttliche Kleinfamilie" ist niemals nur eine Gruppenstunde, in der ein Programm abläuft, sie ist ein Stück gemeinsames Leben. Lebendig bleiben wird sie aber nur, wenn zum einen jeder für jeden in der Gruppe Verantwortung übernimmt und sich um ihn kümmert, und wenn zum anderen die Gruppe als Ganzes Verantwortung übernimmt für andere. Das heißt, dass sich die Gruppengemeinschaft für bestimmte Aufgaben engagiert, auch wenn es vielleicht nur sporadische Aufgaben sind.

Deshalb gehört in die Treffen auch das Besprechen der Aufgaben, die man als Gruppe übernommen hat. Man wird überlegen, wer für was die besten Fähigkeiten hat. Dadurch können auch die verschiedenen Gaben (neu) entdeckt und entfaltet werden. Eine Gruppe, die keine Aufgabe hat, kein Ziel, das außerhalb der Gruppe liegt, wird bald im eigenen Saft schmoren, wird steril und verliert ihre Ausstrahlungskraft, was leider oft Kämpfe und Streitigkeiten innerhalb der Gruppe zur Folge hat.

3. Für andere Menschen leben

In der ersten Art von Beziehung (zum Seelsorger) bin ich in der Hauptsache Empfänger, der Nehmende. In der zweiten Art halten sich – wenn es gut läuft – Geben und Nehmen in etwa die Waage. In der dritten Art von Beziehung bin ich der, der gibt. Sicher werde ich, wenn ich für andere Menschen lebe, auch empfangen. Aber das sollte nicht die Absicht sein, mit der ich mich anderer Menschen annehme.

Für andere Menschen leben heißt: dienen, sich in die Arbeit stellen lassen, sich gebrauchen lassen. Viele – vor allem junge Menschen – fragen heute: „Was bringt es mir, wenn ich dies oder jenes tue?" Mit dieser Fragestellung gebe ich eigentlich zum Ausdruck, dass ich in starkem Maß für mich selbst lebe. Gerade zu diesem „Für-sich-selbst-leben" äußert sich die Bibel an vielen Stellen. In 2. Korinther 5,15 zum Beispiel schreibt der Apostel Paulus:

> „Christus ist deshalb für alle gestorben, damit alle, die durch seinen Tod das Leben geschenkt bekamen, nicht länger für sich selbst leben. Ihr Leben soll jetzt Christus gehören, der für sie gestorben und auferstanden ist."

Weil dies in der Bibel steht, heißt dies, dass da Gott zu mir spricht. Und er fordert uns auf, ganz für ihn und für Jesus zu leben – und das heißt in den meisten Fällen ganz einfach für andere Menschen. Aber in Klammern möchte ich sagen, dass ich dann auch für mich selber sehr viel profitiere: Ich werde mein Leben als sinnvoll, ausgefüllt und befriedigend erleben. Es macht mich glücklich.

Schade finde ich, dass der Einsatz in der Gemeinde oder in einer Gruppenarbeit oft nur so verstanden wird, dass ich eine Gruppe leite, dass ich im Gottesdienst mitmache oder Verantwortung in einem Gremium übernehme. Aber es haben lange nicht alle die Gabe dafür. Oft finden diejenigen Personen weniger Beachtung, die im Hintergrund mitarbeiten und zum Beispiel handwerklich sehr begabt sind. Da dürfen wir gut und gerne noch mehr unsere Fantasie und Kreativität entwickeln, wo unser Dienst möglich und nötig ist. Was sind meine Gaben? Wo ist meine Hilfe nötig? Welche Not anderer Menschen hat Gott mir aufs Herz gelegt? Mit solchen Fragen kann ich entdecken, wo ich gebraucht werde.

Aber ich denke an dieser Stelle nicht nur an den Dienst in der Gemeinde, in Jugend- und Seniorenarbeit oder in sonst einer Gruppe. Ich möchte auch fragen, ob ich für ganz bestimmte einzelne Menschen lebe. Gibt es zwei oder drei Menschen in meinem Alltag, um die ich mich persönlich kümmere, für die ich mich ganz persönlich engagiere, für die ich regelmäßig bete? Ich denke, ich werde an dieser Frage meinen ganzen Dienst messen müssen. An dieser Frage entscheidet sich, ob mein Dienst nur Aktion ist, ob ich nur ein Programm veranstalte oder ob mein Herz wirklich für die Menschen schlägt, für Menschen, die die Liebe Jesu nötig haben.

Wer sind die zwei bis drei Menschen, für die ich ganz persönlich Verantwortung übernehmen soll? Es können ganz verschiedene Leute sein, Leute, die noch keine Christen sind, z.B. Kollegen am Arbeitsplatz, Eltern von den Freunden meiner Kinder oder Großkinder, Nachbarn usw.. Ich werde mit diesen Menschen eine Beziehung anknüpfen, um ihnen die Liebe Jesu nahe zu bringen. Meine Frau und ich laden zum Beispiel immer wieder Leute zum Kaffee oder zum Essen ein. Man kann einem Kollegen oder einer Kollegin einen kleinen Blumenstrauß auf den Schreibtisch stellen. Ich werde jemanden ganz ernsthaft fragen, wie es ihm geht, werde mir seine Sorgen anhören, ihm von mir erzählen, mit ihm gemeinsam etwas unternehmen, mich mit ihm über etwas unterhalten, was ihn interessiert.

Es gibt viele Möglichkeiten, Beziehungen anzuknüpfen und Freundschaften zu schließen. Eines ist wichtig: Der andere muss mir als Mensch wichtig sein und ich darf in ihm nicht das „Bekehrungsobjekt" sehen. Er soll durch mich Liebe und damit die Liebe Jesu erfahren. Was dann daraus wird, darf ich getrost dem Geist Gottes überlassen. Dieser Heilige Geist wird mir schon zeigen, wann es Zeit ist zum Reden. Ich werde aber ständig für diesen Menschen beten und ihm immer nur Gutes wünschen.

Diese zwei bis drei Menschen können aber auch Leute sein, die irgendwie Schwierigkeiten haben und denen ich ganz konkret helfen will, sei es durch mein Mittragen, durch meinen Rat, durch ganz praktische oder auch durch materielle Hilfe. Wichtig ist auch hier, dass ich sie nicht als „Hilfsobjekte" sehe, sondern als Menschen, die mir am Herzen liegen. Bei Menschen mit psychischen Problemen werde ich aufpassen müssen, dass ich mich nicht selbst übernehme. Gott überfordert seine Leute niemals. Ich brauche nur das zu geben, was ich zu geben in der Lage bin.

Geben und Nehmen, Empfangen und Weitergeben – das sind die Kontrapunkte in den geistlichen Beziehungen eines Christen. Das ist wie Einatmen und Ausatmen. Ich wünsche Ihnen und auch mir, dass es uns gelingt, diese Beziehungen ausgewogen zu leben, dass wir weder zu frommen Konsumenten werden, die nach immer feineren geistlichen Leckerbissen verlangen, noch zu geistlichen Aktivisten, die bald einmal verausgabt sind und sich ausgebrannt und leer fühlen. Die Gemeinde, die ja den Leib Christi bildet, ist der Ort, wo alle drei Arten von Beziehungen gelebt werden können und sollen. Das hat Gott so angelegt, und darum gibt es kein Christentum ohne Gemeinschaft. Nur so können wir für Jesus in dieser Welt Frucht bringen.

Pardon, Sind Sie wirklich Christ?

Wenn Sie den 'kleinen Spiegel der Selbstprüfung' bis hin zu dieser Zeile durchgelesen und durchgearbeitet haben, haben Sie sicher festgestellt, dass Sie mehrmals mit dieser so wichtigen Frage konfrontiert wurden. Bestimmt haben Sie dabei auch erlebt, dass Ihr Gewissen auf den einen oder anderen wunden Punkt in Ihrem Leben reagiert hat.

Sicher wurde Ihnen aber auch wichtig, dass es mit der Theorie alleine nicht getan ist. Vielleicht haben Sie auch den Entschluss gefasst, praktische Taten folgen zu lassen. Dies würde mich als Autor natürlich ganz besonders freuen.

Möglicherweise haben Sie aber auch begriffen, dass Sie in Ihrem Leben – zum ersten Mal oder auch erneut - eine wirklich echte und tiefe Beziehung zu Jesus Christus brauchen. Vielleicht fragen Sie sich, wie Sie dabei vorzugehen haben. Auf diese wichtige Frage will diese Schrift eine klare Antwort geben.

Beim sorgfältigen und aufrichtigen Durchlesen dieses Textes haben Sie sicher mein Hauptanliegen erkannt: Ihnen die Möglichkeit einer persönlichen Beziehung zu Gott aufzuzeigen. In einer solchen Beziehung dürfen Sie täglich die Gegenwart des lebendigen Gottes und damit tiefe Lebenserfüllung erfahren. Der Glaube an Jesus vermittelt Ihnen tragende Hoffnung in einer Welt, die zusehends unsicherer und chaotischer wird. Wenn Sie Ihren Glauben praxisbezogen leben, ist Christus und der von Gott verheißene Beistand, der Heilige Geist, immer bei Ihnen.

Ich möchte Ihnen sehr Mut machen, sich nicht mit weniger zufrieden zu geben. Bedenken Sie: Gott ist ein großzügiger Vater, der seine Kinder reich beschenken will. So gesehen ist das Gute, mit dem wir uns schnell einmal begnügen, oft der Feind des Besten! Wählen Sie darum das größte

Geschenk: eine tiefe persönliche Gemeinschaft mit Gott! Sie ist möglich, indem Sie Ihr ganzes Leben Jesus Christus anvertrauen. Ein Gebet, mit einfachen, ehrlichen Worten gesprochen, genügt!

Setzen Sie sich mit Christen in Verbindung, die vorbehaltlos die Grundwahrheiten der Bibel lehren. Lassen Sie auch hier der Theorie die Tat folgen.

> "Und nun vertraue ich euch Gottes Schutz an und dem Wort seiner Gnade. Er allein hat die Macht, euern Glauben wachsen zu lassen und euch das Erbe zu geben, das er seinen Kindern zugesagt hat" (Apostelgeschichte 20,32).

Zwei kurze Worte danach

Es ist schon einige Jahre her. Ich fuhr damals zu einer christlichen Veranstaltung. Vor dem Eingang stand eine jüngere Dame. Als sie mich kommen sah, lief sie auf mich zu und fragte spontan: „Sind Sie wiedergeboren?“

Damals empfand ich diese Frage als Unverschämtheit. Ich fragte mich, ob dies das Losungswort für den Eintritt zu dieser Versammlung sei. Und trotzdem liess mich diese sonderbare Frage nicht mehr los. „Sind Sie wiedergeboren?“ – Hat Ihnen auch schon jemand eine solche Frage gestellt? Wenn es heute geschähe, was würden Sie darauf zur Antwort geben?

„Sind Sie wiedergeboren?“ – Was ist das überhaupt für ein seltsamer Begriff? Er stammt aus der Bibel. Unter einer biblischen Wiedergeburt ist gemeint, dass sich der einzelne Mensch durch eine persönliche Beziehung zu Jesus Christus und seiner Botschaft verwandeln lässt. Eine biblische Wiedergeburt führt in ein neues Leben. Sie setzt voraus und schliesst ein, dass ich mein Leben bewusst der Herrschaft Gottes unterstelle. Das heisst, ich muss erkennen, dass ich vor Gott schuldig geworden und dadurch von ihm getrennt bin. Ich muss meine Sünden bekennen und glauben, dass Jesus Christus am Kreuz für meine Sünden bezahlt und meine Strafe getragen hat. Darum: „Wenn wir (Jesus) unsere Sünden bekennen, dann ist er treu und gerecht, dass er uns unsere Schuld vergibt und uns reinigt von aller Ungerechtigkeit“ (1. Johannesbrief 1,9). Anders kann ich nicht wiedergeboren werden. Wenn ich jedoch dazu bereit bin und den entscheidenden Schritt tue, so wird mein Leben von Gott erfüllt.

„Sind Sie wiedergeboren?“ Ist nicht die Sünde der Grund, dass die meisten Menschen noch nicht zu einem neuen Leben mit Christus gefunden haben? Sind nicht viele Menschen irgendwo auf ihrem Lebensweg stecken geblieben? Liegen die Probleme unserer Gesellschaft nicht oft darin verborgen, dass wir in unserem persönlichen Leben noch nicht durch Jesus Christus freigesprochen worden sind?

Wir müssen diese Fragen ganz ernst nehmen, so wie Jesus sie ernst nimmt. „Jesus sprach zu ihm: Wahrlich, wahrlich, ich sage dir: Es sei denn, daß jemand von neuem geboren werde, so kann er das Reich Gottes nicht sehen“ (Johannese 3,3).

„Sind Sie wiedergeboren“? Ich bitte Sie, aus dieser Frage kein Tabu zu machen. Es dürfte die entscheidendste Frage überhaupt sein, die sich ein Mensch zu Lebzeiten stellen kann. Denn die Antwort darauf entscheidet, ob Ihnen auf dieser Erde ein sinnvolles, erfülltes Leben geschenkt ist, aber wichtiger noch, wo Sie die Ewigkeit verbringen werden. Alle Informationen, welche Sie benötigen um diese Frage für sich zu beantworten finden Sie in der Bibel. Bedenken Sie den Ernst dieser Wahrheit! Schaffen Sie sich Klarheit darüber, denn Christus möchte Ihnen entgegenkommen und Ihr Leben neu gestalten.

„Sind Sie wiedergeboren?“ - Auch ich habe damals diese Frage für mich persönlich beantworten müssen. Und heute darf ich sagen: Ich bin wiedergeboren! Die Frage der jungen Dame von damals hat mich nicht mehr losgelassen. Aus diesem Grund habe ich schon vor vielen Jahren beschlossen, mein Leben in die Hände von Jesus zu legen. Ich habe diesen Schritt nie bereut. Und ich erfahre seitdem, dass Jesus Christus für mich das Leben ist.

Urs Gassmann

(Traktat Nr. 07/10, erschienen bei www.christliche-schriften.ch)

Als ich vor 13 Jahren mein Leben Jesus anvertraute, stand ich vor den Trümmern meines Lebens. Mein ausschweifendes Leben mit übermäßigem Alkohol- und Drogenkonsum hatte seine Spuren hinterlassen, sowohl beruflich wie auch in meinem Umfeld. Der Rausch von Alkohol und Drogen befriedigte mich jeweils nur für kurze Zeit und in den wenigen nüchternen Momenten fühlte ich eine innere Leere und Sinnlosigkeit. Es war, als drehte sich mein Leben in einer unaufhaltsamen Abwärtsspirale. In dieser Zeit begleitete ich meine Schwester an eine christliche Veranstaltung und zum ersten Mal spürte ich diese Liebe Gottes ganz deutlich in meinem Herzen. Dieses Gefühl stellte alle meine Drogenerfahrungen in den Schatten, denn es war echt, rein und schien mich richtig zu befriedigen. Ich vertraute Jesus mein Leben an, meine Schuld wurde mir vergeben und ich wurde zu einem neuen Menschen. Heute stehe ich auf sicherem Boden, bin glücklich verheiratet, Vater von zwei Kindern und habe meine Leidenschaft zu meinem Beruf gemacht. Die Abwärtsspirale wurde unterbrochen – sie wurde durch Jesus zu einer Aufwärtsspirale.

Doch was haben die letzten 13 Jahre ausgemacht? Von Anfang an war mir klar, dass ich Jesus beim Wort nehmen wollte. Ich erwartete, dass die Verheißungen, die den Kindern Gottes in der Bibel gemacht werden, auch für mich hier und heute gelten. In der Bibel steht, dass Jesus uns ein Leben im Überfluss geben möchte – und eines kann ich von ganzem Herzen bezeugen: Jesus hat meinem Leben nicht nur Überfluss geschenkt, er hat es regelrecht mit Gutem überschwemmt!

Im Gegenzug setzte ich alles auf die Karte Jesus und übergab ihm die Kontrolle über jeden Bereich meines Lebens. Jesus fordert uns auf, ihm nachzufolgen. Es ist nicht einfach so, dass er auf dem Beifahrersitz unseres Lebensautos sitzt und uns dort, wo wir durchfahren, segnet und uns Überfluss schenkt. Er möchte selber ans Steuer unseres Lebens und uns in die Berufung hineinführen, die er für uns vorbereitet hat. Ich denke, dies ist einer der zentralen Punkte im christlichen Glauben: dass Jesus nicht Menschen sucht, die irgendwelche Gebete abspulen oder regelmäßig einen

Gottesdienst besuchen. Nein, er sucht Männer und Frauen die ihm mit ihrem ganzen Leben nachfolgen.

Dieses Buch wird Ihnen dabei helfen, ein solcher Jesus-Nachfolger zu werden.

Gabriel Häsler, Evangelist und Leiter „Netzwerk Schweiz“
(www.netzwerkschweiz.ch)

Quellenangaben

(1) 'Johannes Wesleys Tagebuch', Anker Verlag, Frankfurt.

(2) 'Worte für unsere Zeit' von Margret Wanner, Brunnen Verlag, Basel und Gießen.

(3) dito

(4) 'Guter Rat für allerlei Leute' von Charles Haddon Spurgeon, Oncken Verlag Wuppertal und Kassel.

(5) 'Worte für unsere Zeit' von Margret Wanner, Brunnen Verlag, Basel und Gießen.

(6) 'Was die Hölle verschweigen will' von Ray Comfort, Leuchter Verlag, Erzhausen

(7) Genaue Herkunft unbekannt.

(8) 'Worte für unsere Zeit' von Margret Wanner, Brunnen Verlag, Basel und Gießen.

(9) 'On Fire', Aussaat Verlag GmbH, Neukirchen-Vluyn.

(10) 'Der Graf und die Brüder' von Stephan Hirzel, Quell Verlag, Stuttgart

Die alttestamentlichen Bibelzitate wurden, sofern nicht anders vermerkt (Psalmen ausgenommen) allesamt der Zürcher Bibel (1970) entnommen. Für die neutestamentlichen Bibelstellen und die Psalmen wurde auf die Übersetzung 'Hoffnung für alle' zurückgegriffen. Ausgenommen ist das Kapitel ‚Leben als Christ'. Hier wird aus der Luther-Übersetzung zitiert.

Eigene Notizen

Printed by Books on Demand GmbH, Norderstedt / Germany